AF365444

إهداء

إلى زملائي المدربين عامة وأخص الذين أُعجبوا بالكتاب الأول, "أعداد الألعاب الصغيرة في تدريبات كرة القدم", أهدي لهم هذا الدليل لمرحلة الإعداد للمنافسة مع خالص التقدير والاحترام , , ,

هذا الكتاب

يناقش مرحلة الإعداد للمنافسة والتي تعتبر الأهم في إعداد الفريق لتحقيق أهدافه في المنافسة. إعطاء هذه المرحلة الاهتمام بالتخطيط الجيد لها سيجعل الموسم ناجحا بتحقيق معظم الأهداف التي رُسمت.

يعتمد منهجية حديثة تعتمد على توظيف الألعاب المصغرة لتدريب القواعد التكتيكية الأساسية من أول يوم في هذه المرحلة لكي تسمح بتدريب أكبر عدد ممكن من القواعد الكبرى وإعطاء فرصة كبيرة لأسلوب الفريق في الظهور في فترة المنافسة وفرضه على أي منافس مهما كان حجمه.

أتمنى ان يحظى هذا الكتاب باهتمامك في تطبيقه وتفعيل المرونة التي يحتويها وتطويعها في تغيير ما تراه مناسبا لخدمة فريقك في الوصول لأهدافه.

عزيزي المدرب القدير

أقدم بين يديك خلاصة عمل استمر طويلا في البحث عن أفضل طرق واستراتيجيات التدريب في فترة اعداد ما قبل الموسم.

تتبعت هذا الموضوع في البحث منذ فترة الخمسينيات وحتى يومنا هذا وخلصت إلى أنّه مع اختلاف أساليب التدريب والنظريات العلمية المختصة بفترة إعداد ما قبل الموسم، فقد اتفق الجميع على أهمية هذا الجزء من تحضير الفريق كأساس لموسم كروي ناجح.

برزت في الفترة الأخيرة فكرة الاعداد الشامل لفريق كرة القدم والمتضمنة استعمال ألعاب الأعداد الصغيرة في أول يوم من هذه الفترة التحضيرية حيث أنها تشمل جميع متطلبات لاعب كرة القدم البدنية والفنية والتكتيكية والذهنية وكذلك الجانب الاجتماعي أيضاً.

أعتقد أنك ستوافقني الرأي بعد تطبيق هذا البرنامج المتكامل لتحضير فريقك للموسم، فهذا البرنامج تم تطبيقه فعليا بشكل متفرق وهو اليوم مجموع بين يديك عزيزي المدرب.

أعطني رأيك في تقييمك لهذا العمل فسوف يكون رأيك محترما لدي ومتقبلاً بروح رياضية.

تحياتي وتقديري
المؤلف

استراتيجيات التدريب في فترة اعداد ما قبل الموسم

استراتيجية إعداد لاعب ألعاب القوى

وفيها يتم التركيز على اعداد اللاعب اعداداً بدنيا في المضمار وصالات الحديد والجري الترفيهي في مواقع خارج الملعب. مدة هذه الفترة من أسبوعين إلى 3 أو 4 أسابيع.

استراتيجية الإعداد التقليدي (كلاسيكي)

يتم تقسيمها إلى فترتين الأولى تسمّى الاعداد العام والثانية تسمّى الاعداد الخاص.
الاعداد العام عادة يستغرق أسبوعين والاعداد العام يستغرق من 4 إلى 6 أسابيع.
فترة الاعداد العام مشابهة عادة لاسترتيجية إعداد لاعب ألعاب القوى.

استراتيجية الاعداد الشامل

من أحدث طرق واستراتيجيات التدريب في فترة اعداد ما قبل الموسم ويتم فيها اعداد اللاعب عن طريق ألعاب الأعداد الصغيرة Small-Sided Games.
في هذه الألعاب تراقب المتطلبات الأساسية للاعب كرة القدم وتبنى الألعاب على أساس أهداف تكتيكية وبدنية وفنية وكذلك الذهنية والاجتماعية.

التحمّل   Endurance
Aerobic training

في الوحدات التدريبية المتضمنة في هذا الكتاب تصنّف التمرينات الهوائيه إلى 3 أنواع حسب متوسط نبضات القلب المستهدف في كل تمرين من تمرينات الوحدة. في أهداف كل تمرين يوضح الهدف البدني المستهدف.

تمرينات الاستشفاء   Recovery training

تمرينات هوائية لكي يستعيد اللاعب وضع الراحة بعد تمرين عالي الشدة أو مباراة. متوسط ضربات القلب المستهدف في هذه التمرينات هو 65% من ضربات القلب القصوى. وبمدى يتراوح من 40% إلى 80%

تمرينات هوائية منخفضة إلى متوسطة الشدة
Low to Moderate intensity aerobic training

تؤدى بمعدل ضربات 80% من ضربات القلب القصوى وبمدى يتراوح من 65% إلى 90%

High intensity aerobic training   تمرينات هوائية عالية الشدة

تؤدى بمعدل ضربات 90% من ضربات القلب القصوى وبمدى يتراوح من 80% إلى 100%

مصطلحات كرة القدم

الخطة (Plan/Strategy)
الخطة هي الرؤية الشاملة للفريق على المدى الطويل أو للمباراة ككل. إنها الفكرة الأساسية التي يسعى المدرب لتحقيقها. على سبيل المثال، قد تكون الخطة هي:
اللعب بأسلوب هجومي والسيطرة على الكرة: هدف الفريق هو الاستحواذ على الكرة لأطول فترة ممكنة، والضغط على الخصم عاليًا لاستعادة الكرة بسرعة.
اللعب بأسلوب دفاعي والاعتماد على الهجمات المرتدة: هدف الفريق هو التكتل في الخلف ومنع الخصم من التسجيل، ثم شن هجمات سريعة عند استعادة الكرة.
التركيز على استغلال نقاط ضعف الخصم: تحليل الفريق المنافس وتحديد الثغرات في طريقة لعبهم، ثم بناء الخطة حول استغلال هذه الثغرات.
الخطة تحدد كيفية الفوز بالمباراة بشكل عام، وهي الإطار الذي تندرج تحته جميع العناصر الأخرى (الأسلوب، التشكيل والتكتيك).

Speed   السرعة
Anaerobic training

في الوحدات التدريبية المتضمنة في هذا الكتاب تصنّف التمرينات اللاهوائيه إلى نوعين. سرعة وتحمّل سرعة.

السرعة

المقدرة على تكرار الجري السريع في أعلى مستوياته. وتصنّف من ضمن المتطلبات اللّاهوائية.

السرعة القصوى:

أقصى ما يمكن أن يصله اللاعب عندما يتسارع للوصول لأطول مسافة في أقل زمن ممكن. وهي تختلف من شخص لآخر ومن مسافة لأخرى.

سرعة المسافات القصيرة:

تشمل تسارع اللاعب ومقدرته في الوصول إلى أقصى سرعة في مسافة قصيرة (5-20م). تتأثر مباشرة برد فعل اللاعب وترقبه وركضته. ولها أهمية كبرى في كرة القدم لأنها تتضمن أفعال كثيرة من تغير الاتجاه وتتطلب حركية الساقين والذراعين

الرشاقة:

مقدرة اللاعب على تأدية أفعال سريعة في أمتار قليلة مع تغيير الاتجاه بسرعة.
القدرة على الحفاظ على حركية القدمين ، والإيقاع ، وتكرار حركة الذراع والساق أمور ضرورية للرشاقة.

التوافق العضلي العصبي:

القدرة على أداء الأفعال بدون تكلّف في مواقف يمكن التنبؤ بها (تلقائية) أو غير متوقعة (تكيّف) ، وسرعة تعلم الحركات عند سرعة معينة

تحمّل سرعة

القدرة على الحفاظ على العدو بسرعة قصوى تقريبًا لفترة طويلة من الوقت

القوة الهوائية القصوى   MAP
Maximum Aerobic Power

القوة الهوائية القصوى :MAP

هي أعلى ذروة امتصاص للأكسجين يمكن للفرد الحصول عليها أثناء التمرين الديناميكي باستخدام مجموعات عضلية كبيرة خلال بضع دقائق يتم إجراؤها في الظروف العادية

الطاقة الهوائية القصوى (VO2max):

هي قياس لأقصى كمية من الأكسجين التي يستطيع الجسم استخدامها لغرض إنتاج الطاقة. وهو يمثل الحد الأعلى للتمارين الهوائية

هناك اتفاق كبير على أن القيمة القصوى لاستيعاب ونقل واستخدام الأكسجين هي مؤشر جيد على عمل الجهاز التنفسي والقلب والأوعية الدموية والعضلات الهيكلية.

تحظى الاختبارات الميدانية الخاصة بكرة القدم بشعبية كبيرة بين المدربين بسبب بساطتها وصلاحيتها والحد الأدنى من استخدام المعدات.

ملاحظة هامة:

في تمرينات الوحدات اليومية يتم الاشارة إلى المكون البدني في أهداف التمرين وعند الحاجة لاضافة أي مكون مساند للتمرين سيكون ضمن البرنامج اليومي.
كما أنه ينبغي الاشارة إلى أن تمرينات السرعة القصوى المساندة لتمرينات السرعة وضعت في نهاية البرنامج اليومي وعليه يجب الانتباه حيث أن تمرينات السرعة عادة ما تكون في بداية التمرينات بعد احماء جيد. فوضعها في نهاية البرنامج يسمح بتطبيقها لمسافات قصيرة جدا لا تتعدى 10 م ولتكرار 5 مرات على سبيل المثال.

في هذا الدليل , سأضع أولاً البرنامج اليومي المفصل , ثم سيتم وصف كل تمرين في صورة مع الأهداف ونقاط التدريب والتطويرات. إذا لزم الأمر , ستتم إضافة المزيد من الصور للتطويرات.

أربع مطالب بدنية ستكون هي الأكثر وضوحًا في هذا المربع باعتبارها الصفات الرئيسية التي يركز عليها التمرين.
التحمل والقوة والسرعة والمرونة. وبالطبع كل العلاقات التي تنشأ بينهما.

دليل رسوم الكتاب

احماء بالكرة بين زميلين تمرير وتحكم بالكرة بمختلف أجزاء الجسم   10 د

لعبة أعداد صغيرة (روندو) 3ضد3 + (التمرير للعمق) 10 د

لعبة أعداد صغيرة 4ضد4 +1 إيصال الكرة للاعب في نهاية ملعب الفريق الآخر 20 د (شوطين)

مباراة 5ضد5 بوجود أحد أفراد الفريق كلاعب هدف قبل حراسة المرمى والتسجيل بباطن القدم (يمنع التسديد!) 20 د (شوطين)

تهدئة 10 د

ملاحظات الأسبوع الأول

عادة ما يبدأ الإعداد للموسم بتهيئة الجهازين التنفسي والدوراني بالعمل على تحسين القدرة الهوائية والتحمل الأساس.

أسبوع 1 - يوم 1 - التمرين رقم - 2

لعبة أعداد صغيرة - 3ضد3 + 3 (التمرير للعمق)

شرح التمرين: يتناقل 3 مهاجمين الكرة عند احدى نهايتي مساحة اللّعب للبحث عن فرصة لإيصال الكرة ل 3 لاعبين في النهاية الأخرى 3. مدافعين في منطقة اللعب يحاولون صد الكرة. اللّعب مستمر لوقت محدّد.

الأهداف: التمرير للعمق - تحمّل بدني منخفض.

النقاط التدريبية: البحث عن التوقيت المناسب للتمرير. دقة التمرير.

التطويرات: الفريق الذي يوصل الكرة للنهاية يدافع في منطقة اللعب.

وقت معين لتناقل الكرة قبل التمرير, لا يسمح بتجاوزه.

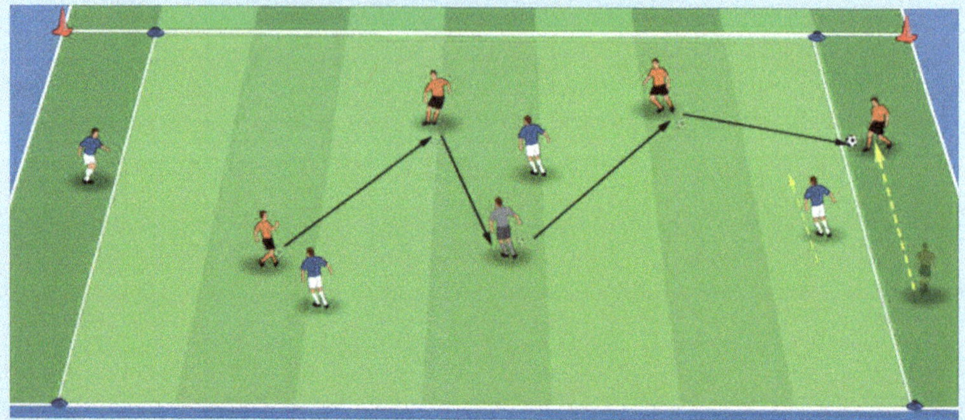

شرح التمرين: الفريق المهاجم يهدف لإيصال الكرة للاعبه في نهاية ملعب الفريق الآخر.

الأهداف: التمرير للعمق - تحمّل بدني منخفض.

مع وجود اللاعب المحايد وتغيير اللاعب الهدف وبداية اللعب بعد الهدف، كلها عوامل ستقلّل من شدة التمرين.

النقاط التدريبية: البحث عن التوقيت المناسب للتمرير. دقة التمرير. تحرك اللاعب في نهاية الملعب ليظهر نفسه لحامل الكرة.

التطويرات: لابقاء التمرين في الشدة المنخفضة ينتهي الهجوم بايصال الكرة ولزيادة الشدة يعيدها لفريقه ليبدأ الاستحواذ من جديد.

مصطلحات كرة القدم

التشكيل (Formation)

التشكيل هو التوزيع الأساسي للاعبين على أرض الملعب. يحدد مراكز اللاعبين في الخطوط الدفاعية، خط الوسط، وخط الهجوم، ويُرمز إليه بأرقام (مثل 4-4-2, 4-3-3, 3-5-2). على سبيل المثال:

- 4-4-2: أربعة مدافعين، أربعة لاعبي خط وسط، ومهاجمان.
- 4-3-3: أربعة مدافعين، ثلاثة لاعبي خط وسط، وثلاثة مهاجمين.

التشكيل هو الصورة الهندسية للفريق على أرض الملعب قبل بدء المباراة وأثناءها، ويُختار بناءً على الخطة العامة ونقاط قوة وضعف الفريق والخصم.

مباراة 5ضد5 بوجود أحد أفراد الفريق كلاعب هدف قبل حراسة المرمى والتسجيل بباطن القدم
(يمنع التسديد!)

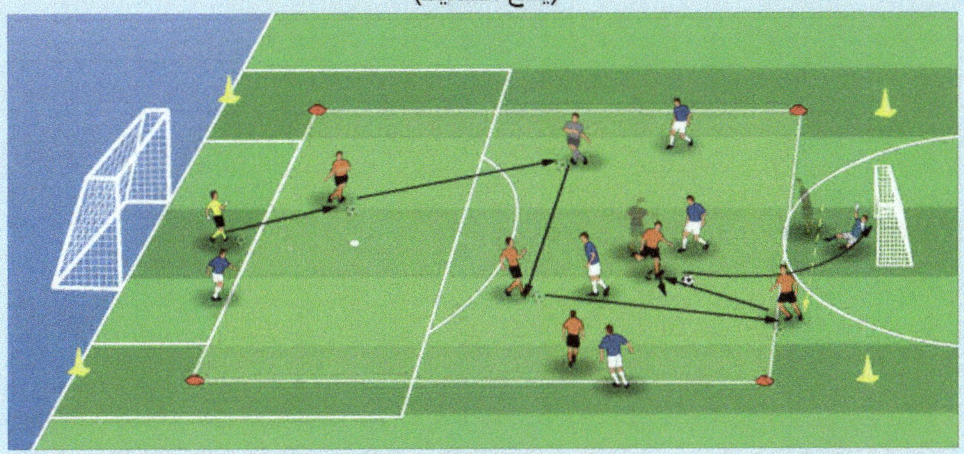

شرح التمرين: في هذه المباراة, كل فريق لديه لاعب هدف أمام حراسة المرمى. يشترط إيصال الكرة له ليعيدها لأحد زملائه ليسجل في المرمى.

- تغيير اللاعب الهدف كل دقيقتين.

الأهداف: حركية العمق ودور المهاجم كلاعب هدف- تحمّل هوائي متوسط الشدة.

- وجود حراسة المرمى وبداية اللعب بعد الهدف ستقلّل من شدة التمرين.

النقاط التدريبية:

فنياً: دقة وثقل وزاوية التمرير مع ملاحظة التمرير على الأرض وتمنع الكرات الطويلة.

تكتيكياً: التمرير للعمق لاختراق خطوط الفريق المدافع.

- تحرّك اللاعب الهدف خلف المدافعين للاستلام.

-التحرك بدون كرة للاعب الثالث للتسجيل

التطويرات: مشاركة اللّاعب الهدف في التسجيل.

4ضد2 في مربع 7×7 أحماء 10د

6ضد6 الوصول لنهاية الفريق الآخر باستخدام حراسة المرمى 20 د

6ضد6 الوصول لنهاية الفريق الآخر والعودة (لعبة مستمرة) 20 د

مباراة 6ضد6 الوصول لنهاية الفريق الآخر والتسجيل باستخدام لاعب الهجوم 20 د

ملاحظات الأسبوع الأول

لحساب الحد الأقصى لضربات قلب اللّاعب نستخدم المعادلة التالية:

ض.ق.أقصى= 207 - (0.7 × عمر اللّاعب)

وكمثال للاعب عمره 20 عاماً:

$= 207 - (0.7 \times 20)$

$= 207 - 14$

$= 193$ ن/د

6ضد6 الوصول لنهاية الفريق الآخر باستخدام حراسة المرمى

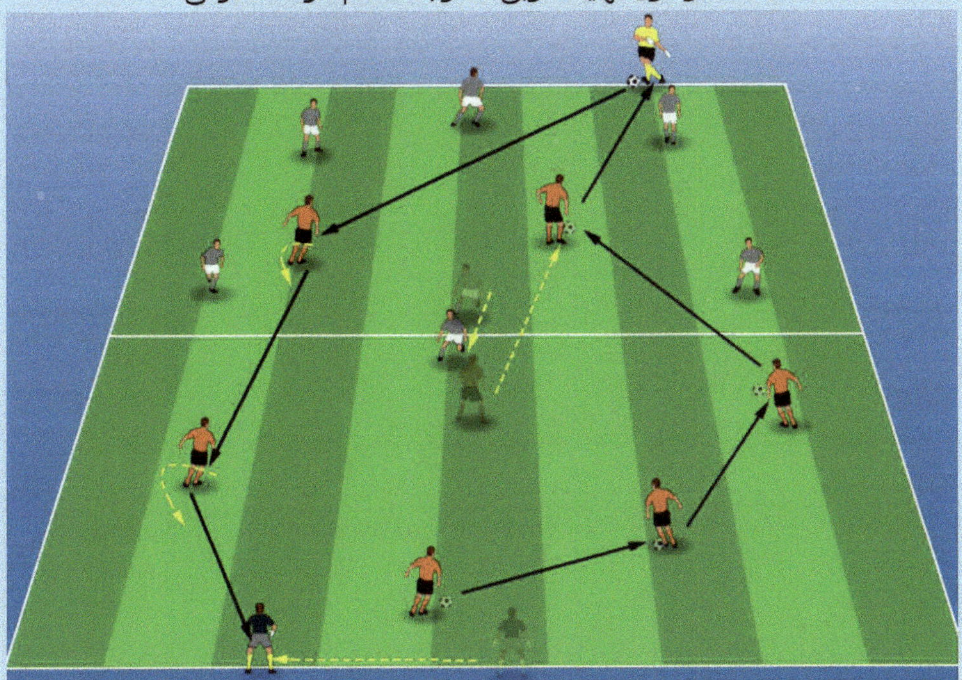

شرح التمرين: يلعب فريقان 6ضد6 مع وجود حارسي مرمي عند نهاية ملعب كل فريق بهدف إيصال الكرة لـ:
يد حارس المرمى - رجل حارس المرمى.

الأهداف: مشاركة حراسة المرمى في بناء الهجوم - تحمّل هوائي متوسط الشدة.

- في البداية, بداية اللعب بعد إيصال الكرة للحارس ستقلّل من شدة التمرينِ.

ذهنياً يساهم التمرين في زيادة تركيز حراسة المرمى.

النقاط التدريبية:

عند اللعب لرجل حارس المرمى يجب أن تكون الكرة أرضية بثقل يمكنه السيطرة عليها بسهولة.

التطويرات: يصبح الفريق الذي يوصل الكرة لحراسة المرمى مستمرا في الاستحواذ. هذا التطوير سيرفع من شدة التمرين.

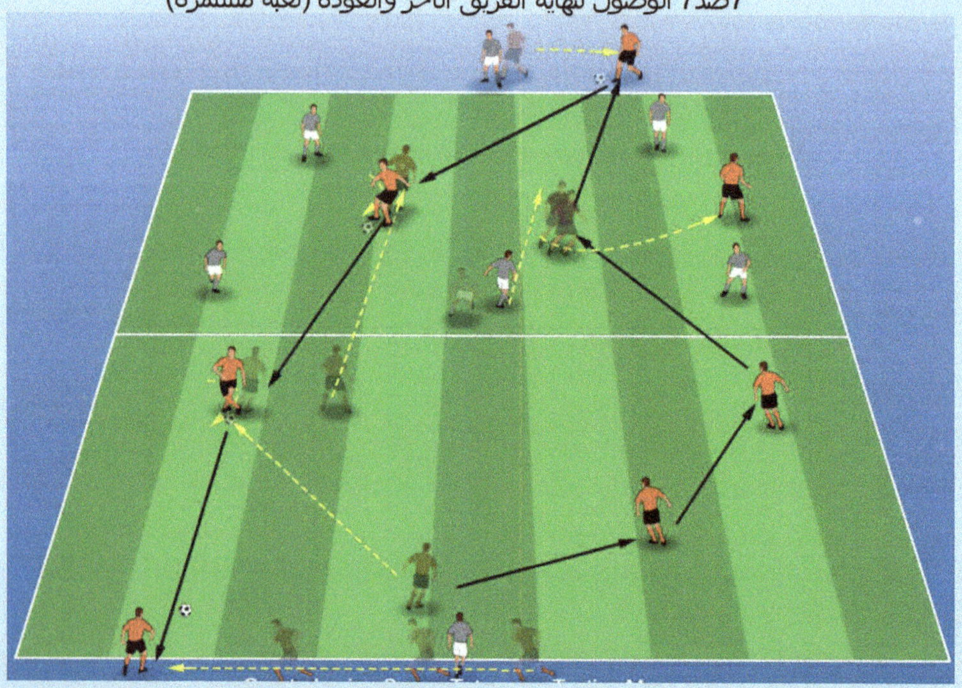

شرح التمرين: يلعب كل فريق بـ 5 لاعبين في الداخل ولاعب عند كل نهاية. يهدف كل فريق لإيصال الكرة للاعبه في النهاية والعودة وهكذا. يبدأ اللعب بدون أن يضغط لاعب النهاية على لاعب نهاية المنافس حال استلام الكرة.

الأهداف: التمرير للعمق - اللّعب للأمام - تحمّل هوائي عالي الشدة.

النقاط التدريبية: تحرك اللاعب في النهاية ليظهر نفسه لمُمرّر الكرة. شدة التمرين تتطلب توفر الكرات ليكون اللّعب مستمرا وليحافظ على مستوى الشدة المطلوب.

التطويرات: يُسمح للاعب نهاية الفريق المدافع بالضغط على لاعب نهاية الفريق المستحوذ عند التمرير له.

مباراة 6ضد6 الوصول لنهاية الفريق الآخر والتسجيل باستخدام لاعب الهجوم

شرح التمرين: في هذه المباراة يقسم الملعب لثلاث مناطق. منطقة للّعب ومنطقتي التسجيل. في منطقة اللّعب الوسطى يكون الموقف 4ضد4 وفي منطقتي التسجيل يسمح بـ 2ضد1 للفريق المهاجم. يتم تبديل لاعبي النهاية كل 3 دقائق.

الأهداف: التمرير للعمق - المهاجم كلّاعب هدف- تحمّل هوائي عالي الشدة.

النقاط التدريبية: تحرك المهاجم في منطقة التسجيل ليظهر نفسه. حركة اللاعب الثالث للاستفادة من الكرات التي يجهزها المهاجم. التحكم في الشدة في هذا التمرين تكون في منطقة اللّعب والوقت الذي يمنح قبل تبديل لاعب النهاية.

التطويرات: عدد لاعبي المشاركة في الهجوم يزاد.

3ضد3 في مستطيل 8×16 كرة طائرة-قدم أحماء 10 د

3 فرق 3 لاعبين وكرة لكل فريق في مربع 12×12 التمرير بين أفراد الفريق من لمستين للكرة (تدريب التواصل) 10 د

6ضد3 حال الاستحواذ - مباراة خط في ملعب 12×24 10 د

مباراة 3ضد3 + 6 اللعب على المرميات وحراسة مرمى 15 د

تهدئة تحكم بالكرة لمجموعة من 3 لاعبين 5 د

ملاحظات الأسبوع الأول

ملاحظات يجب الأخذ بها بدقة خصوصا الأسبوع الأول

قياس النبض بعد كل تمرين مباشرة وفي نهاية اليوم بعد التهدئة وقبل بداية احماء اليوم التالي مع أخذ الاحتياط لتمرين استشفاء

إعطاء راحة للتزود بالماء بعد كل تمرين

شرح التمرين: في هذا التمرين الاحمائي الذي اقترح في هذه الحصة التدريبية الاستشفائية, يلعب فريقان 3ضد3 كرة طائرة بالقدم .

الأهداف: تمرين استشفاء بمعدل نبض 65% من الأقصى. التحكم بالكرة بمختلف أجزاء الجسم.

نقاط تدريبية: قوانين يقترحها اللّاعبون بحيث يكون التمرين في معدل الشدة المستهدف.

التطويرات: عدد لمسات الكرة لكل لاعب - وللفريق.

مصطلحات كرة القدم

الأسلوب (Style of Play)
الأسلوب هو الطريقة العامة التي يتبعها الفريق في اللعب، وكيفية تعامله مع الكرة وخصمه. إنه يعكس فلسفة المدرب وقدرات اللّاعبين. الأسلوب قد يكون:
- أسلوب الاستحواذ (Possession-based): التركيز على التمريرات القصيرة، والتحرك بدون كرة، والحفاظ على الكرة قدر الإمكان لإرهاق الخصم وخلق فرص التسجيل.
- أسلوب الضغط العالي (High Pressing): الضغط المكثف على الخصم في مناطق متقدمة من الملعب فور فقدان الكرة لاستعادتها بسرعة.
- أسلوب الهجمات المرتدة (Counter-attacking): الدفاع العميق ثم الانطلاق بسرعة في الهجمات عند استعادة الكرة.
- الأسلوب المباشر (Direct Play): الاعتماد على التمريرات الطويلة باتجاه المهاجمين.
الأسلوب هو هوية الفريق وطريقته في تنفيذ الخطة، ويتطلب تدريبًا مكثفًا للاعبين ليتقنوه.

3 فرق 3 لاعبين وكرة لكل فريق في مربع 12×12 التمرير بين أفراد الفريق من لمستين للكرة

شرح التمرين: في هذا التمرين يتناقل كل فريق الكرة بين لاعبيه الثلاثة بحيث يتحرك اللّاعب بضع خطوات ثم يمرر لزميله وهكذا لمدة وقت التمرين.

في تطوير التمرين يكون فريق على خارج المربع كمساندين لكل فريق من الفريقين الآخرين. يتناقل لاعبي كل فريق الكرة بينهم ثم يتم التمرير للخارج ويعيدها للداخل لنفس الفريق وهكذا لمدة سريان التمرين.

في التطوير الأخير يلعب فريقان مباراة استحواذ والفريق الثالث يساند في الخارج.

الأهداف: تدريب التواصل بين أفراد الفريق - التركيز. تحمّل هوائي منخفض الشدة.

نقاط تدريبية:

النظر للأعلى أثناء التحرك بالكرة لملاحظة حركة اللاعبين الآخرين.

لغة الجسد هي العامل المساعد للتمرير في الوقت المناسب.

عدم المناداة على الزميل.

التطويرات: أي لاعب من 3 لاعبي الخارج يعيد الكرة للداخل ويغير مكانه للضلع الفارغ بعد التمرير.

شرح التمرين: في هذه اللّعبة, يتكون كل فريق من 6 لاعبين. الفريق المهاجم يبدأ اللّعب كاملاً بـ 6 لاعبين والفريق المدافع بـ 3. التسجيل عن طريق وضع الكرة بعد خط نهاية الفريق المدافع. بعد نهاية الهجوم يبدأ الفريق الآخر كفريق مهاجم، وهكذا.

الأهداف: البناء والتحرك للأمام - وحدة الهجوم - التحول من الهجوم للدفاع - الهجوم بزيادة عددية. تحمّل هوائي متوسط الشدة.

نقاط تدريبية: التمرير للأمام ما أمكن - التحرك بدون كرة - اللّعب للّاعب الثالث.

التطويرات: ينقسم كل فريق لخطين مدافع ومهاجم بحيث يبقى المدافعون فقط حال خسارة الكرة ثم يعكس الدور بحيث يبقى المهاجمون حال خسارة الكرة.

مصطلحات كرة القدم

التكتيك (Tactics)

التكتيك هو التفاصيل الدقيقة للإجراءات والقرارات التي يتخذها اللاعبون (أفرادًا أو مجموعات) في مواقف محددة أثناء المباراة، بهدف تنفيذ الخطة العامة والأسلوب. إنّه الجانب التطبيقي المباشر. أمثلة على التكتيكات:

- تكتيك مصيدة التسلل: تحرك المدافعين للأمام في توقيت معين لوضع مهاجمي الخصم في موقف تسلل.
- التغطية العكسية: تحرك اللاعبين لتغطية المساحات التي تركها زملاؤهم المتقدمون أو الذين خرجوا من مراكزهم.
- الضغط على حامل الكرة: لاعب أو مجموعة من اللاعبين يضغطون على اللاعب الذي يمتلك الكرة لإجباره على ارتكاب الأخطاء.
- كيفية بناء اللعب من الخلف: تعليمات محددة لحارس المرمى والمدافعين حول كيفية تمرير الكرة وبناء الهجمة من منطقة الجزاء.
- تكتيك الكرات الثابتة: تحديد أدوار اللاعبين في الركلات الركنية, الركلات الحرة, ورميات التماس (هجوميًا ودفاعيًا).

التكتيكات هي التحركات المحددة والمفصلة التي يتم تنفيذها في كل لحظة من المباراة، وهي تتغير باستمرار بناءً على مجريات اللعب وأداء الخصم.

شرح التمرين: في هذه المباراة, يلعب فريقان 3ضد3. الفريق المستحوذ على الكرة يستفيد من 6 لاعبين مساندين, 2 في الداخل و4 في الخارج.

الأهداف: التحمّل الهوائي منخفض الشدة - انهاء الهجوم - الاستفادة من المساند.

نقاط تدريبية: عدد لاعبي الفريق المهاجم كبير بوجود المساندين مما يسمح بخلق فرص كثيرة للتسجيل. الزيادة العددية في منطقة التسجيل.

التطويرات: لمستان لكل لاعب ولمسة واحدة للتسجيل - الكرة الذي يجهزها المساند يجب أن يستفيد منها اللّاعب الثالث.

مصطلحات كرة القدم

شهدت منهجيات التدريب في كرة القدم تطورًا كبيرًا في السنوات الأخيرة, خاصة في فترة الإعداد للموسم. لم يعد الأمر مقتصرًا على الجري لمسافات طويلة ورفع الأثقال بشكل عشوائي, بل أصبح أكثر تخصصًا وتكاملًا ويعتمد على العلم والبيانات.

4ضد2 في مستطيل 8×8 إحماء 10 د

4ضد4 في ملعب 25×40 استخدام عرض الملعب بالتسجيل في مرميين صغيرين جانبيين 25 د (شوطين وراحة 5 د)

6ضد6 الدفاع عن 3 مرميات والتسجيل في 3 - في ملعب 50×40 25 د (شوطين وراحة 5 د)

مباراة 8ضد8 في نصف ملعب محفوف الأطراف –لاعبان طرفيان لكل فريق وحراسة مرمى 40 د

تقوية بلانكس 5 د

ملاحظات الأسبوع الأول

تمرين الاستشفاء

متوسط نبضات القلب هو 65% من الأقصى على أن لا ينخفض عن هذه النسبة لفترة طويلة كما هو الحال في ارتفاعه عنها لفترة طويلة نسبيا ويخرج عن الهدف المنشود له

4ضد4 في ملعب 25×40 استخدام عرض الملعب بالتسجيل في مرميين صغيرين جانبيين

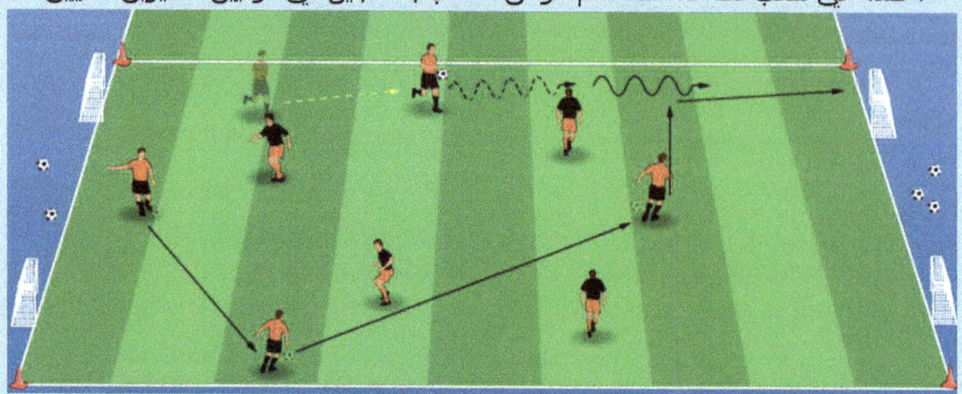

شرح التمرين:يلعب فريقان 4ضد4 للتسجيل في مرميين صغيرين جانبيين والدفاع عن مرميين صغيرين.

الأهداف: التحمّل الهوائي متوسط الشدة - استخدام عرض الملعب - تحرك اللّاعب الثالث.

النقاط التدريبية: توفر الكرات يساعد على استمرارية اللّعب. المرميان الجانبيان يساعدان على تحقيق الهدف التكتيكي باستخدام عرض الملعب فينبغي ملاحظة ذلك.

التطويرات: لمستان للكرة لكل لاعب . الفريق الذي يسجل من لعبة 1-2-3 يشجع بأن يبدأ الهجوم مرة أخرى.

مصطلحات كرة القدم

التدريب المتكامل/الشامل (Comprehensive/Integrated Training)
هذه هي المنهجية الأكثر انتشارًا وتأثيرًا. بدلاً من تقسيم التدريب إلى جلسات منفصلة للياقة البدنية, والفنية, والتكتيكية, يتم دمج هذه الجوانب في نفس الوحدة التدريبية.
كيف يعمل؟ التمارين البدنية تُصمم بحيث تتضمن عناصر فنية وتكتيكية. على سبيل المثال, تمارين التحمل قد تكون على شكل مباريات مصغرة (Small-Sided Games - SSG) بشروط معينة تفرض جهدًا بدنيًا عاليًا, مع التركيز على التمرير السريع والضغط على الخصم. هذا يحاكي ظروف المباراة الحقيقية ويطور اللاعب بشكل شامل.
الميزة: يزيد من "قابلية النقل" (Transferability) للمهارات المكتسبة إلى بيئة المباراة ويقلل من الملل, ويزيد من الكفاءة الزمنية للتدريب.

شرح التمرين: يلعب فريقان 6ضد6 مباراة يكون التسجيل فيها في 3 مرميات والدفاع عن 3 مرميات صغيرة متوزعة بعرض الملعب في نهايته.

الأهداف: التوظيف لمراكز الوسط والهجوم - استخدام عرض الملعب. تحمّل هوائي متوسط الشدة.

النقاط التدريبية: الحفاظ على الشكل يساعد على الاستخدام الأمل لعرض الملعب.

طلب الكرة في الجهة المعاكسة في الوقت المناسب.

التطويرات: نخصص فريق الدفاع ويلعب بتنظيم 4-2 بينما الهجوم والوسط بتشكيل 3-3.

مصطلحات كرة القدم

الألعاب المصغرة (Small-Sided Games - SSGs)
هي مباريات بأعداد قليلة من اللاعبين (مثل 3 ضد 3، 4 ضد 5،4 ضد 5) على مساحات صغيرة أو متوسطة.
- كيف تعمل؟ تُستخدم لتطوير اللياقة البدنية (التحمل، السرعة، القدرة على تكرار الركض)، المهارات الفنية (التمرير، الاستلام، المراوغة، التسديد)، والجوانب التكتيكية (الضغط، التحولات، بناء اللعب) في آن واحد. يمكن تغيير قواعدها لتركيز على جوانب معينة (مثل اللعب بلمستين فقط لزيادة سرعة التفكير، أو شرط تسجيل الهدف من لمسة واحدة لزيادة الفعالية الهجومية).
- الميزة: محاكاة عالية لظروف المباراة، زيادة مشاركة اللاعبين بالكرة، متعة أكبر في التدريب، وتطوير القدرات المعرفية واتخاذ القرار تحت الضغط.

مباراة 8ضد8 في نصف ملعب محفوف الأطراف –لاعبان طرفيان لكل فريق وحراسة مرمى
– استخدام عرض الملعب

شرح التمرين: يلعب فريقان مباراة 8ضد8 في ملعب به منطقتان طرفيتان لاستخدامهما بحرية في المشاركة في الهجوم وعمل الكرات العرضية.

الأهداف: ابراز الظهيرين في الأطراف ومشاركتهما في صنع الأهداف- استخدام عرض الملعب . تحمّل هوائي متوسط الشدة.

النقاط التدريبية: اوجود المنطقتين الطرفيتين يساعد على استخدام عرض الملعب والتبديل من جهة لأخرى, فينبغي التأكيد على ذلك.
حرية اللّاعب في المنطقة الطرفية يسهل عملية لعب كرات عرضية متقنة.
في التطوير الأخير والذي تزال فيه المنطقتين الطرفيتين, ينبغي التأكيد على الأطراف بضرورة فتح اللّعب وعدم الدخول للداخل إلا للمشاركة في الهجوم والتسجيل في منطقة الجزاء.

التطويرات: نسمح بالضغط على اللّاعب في المنطقة الطرفية - ازالة المنطقة الطرفية واللّعب بكامل عرض الملعب.

مجموعتين 4ضد2 في مربعين متجاورين 8×8 إحماء تغيير اللّعب 12 د

2 ضد2 + 4 مربعين متجاورين لتغيير اللعب (12اد لعب على 4 أشواط وعمل تقوية بطن وظهر 3 د)

4ضد4 في مربع ثم تغيير اللعب لـ1ضد1 للتسجيل في المرمى12 د (شوطين وعمل تقوية للجزء السفلي 3 د)

مباراة 8ضد8 في نصف ملعب مراقبة تغيير اللّعب ويحسب الهدف بهدفين – 30د

تقوية بلانك 5 د

ملاحظات الأسبوع الأول

مؤشر درجة الجهد المحسوس (RPE) هي طريقة لمراقبة الحمل التدريبي بحيث يقدر اللّاعب مقدار الجهد المحسوس لكل وحدة تدريبية مع تسجيل مدة الوحدة. ولحساب شدة الوحدة التدريبية يطلب من اللاعب الإجابة على التساؤل التالي عند نهاية الوحدة التدريبية:

"كيف شعرت أثناء أداؤك للوحدة التدريبية"؟

يعطي اللاعب وصفا لشعوره ويقارن بمقياس "Borg" ذي الـ15 درجة

مجموعتين 4ضد2 في مربعين متجاورين 8×8 إحماء تغيير اللّعب

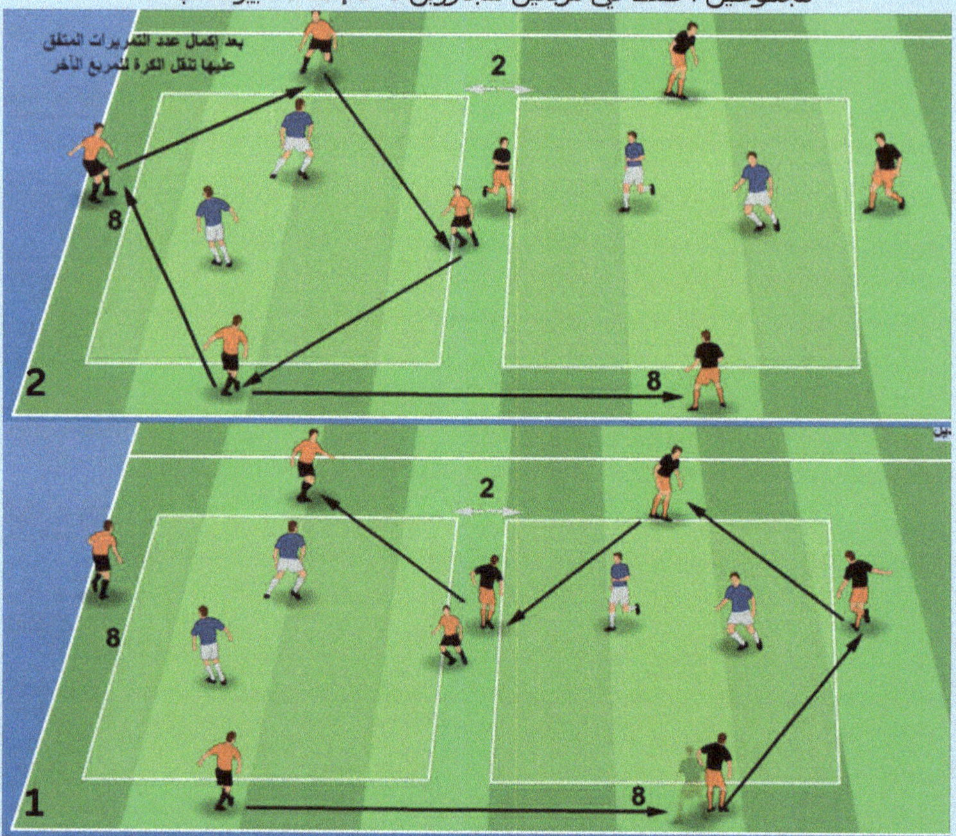

شرح التمرين:يؤدى هذا الاحماء بثلاث فرق من 4 لاعبين لكل فريق الفريق المدافع ينقسم لفريقين في كل مربع فريق. بعد إكمال الفريق المستحوذ عدد التمريرات المتفق عليها تنقل الكرة للمربع الآخر وهكذا حتى وقت التبديل. يتم تبديل الفريق المدافع كل 3 دقائق.

الأهداف: تغيير اللّعب - الاحماء بهدف تكتيكي. تحمّل هوائي متوسط الشدة.

النقاط التدريبية: ادقة التمرير والمحافظة على الكرة يسمح بتطبيق التمرين بأهدافه. اختيار التوقيت الأنسب للتغيير.

التطويرات: عدد لمستين للاعب على الكرة.

2ضد2 + 4 مربعين متجاورين لتغيير اللعب لعب على 4 أشواط وعمل تقوية بطن وظهر

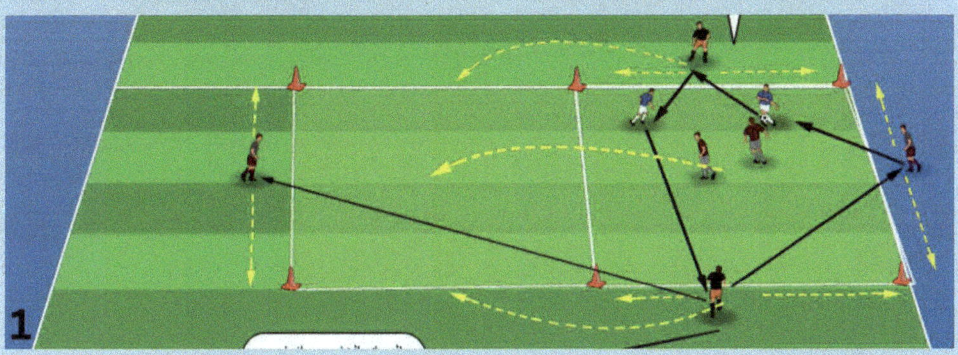

شرح التمرين: الملعب يتكون من مربعين متجاورين. يلعب 2ضد2 في مربع + 4 مساندين 3 منهم حول مربع اللّعب والرابع في نهاية المربع الآخر. الفريق المستحوذ مع المساندين يكملوا 5 تمريرات متتاليات ثم تمرر الكرة للاعب في نهاية المربع الآخر. يتم تبديل الفريقين كل 3 أو 4 دقائق.

الأهداف: تغيير اللّعب - التحوّل من الهجوم للدفاع والعكس.تحمّل هوائي متوسط الشدة.

النقاط التدريبية:

دقة التمرير والمحافظة على الكرة يسمح بتطبيق التمرين بأهدافه. اختيار التوقيت واللّاعب الأنسب للتغيير. الحضور الذهني للتحول من الهجوم للدفاع والعكس.

التطويرات: عدد لمستين للكرة. فقط لاعبي الداخل هم من يمررون للاعب النهية في المربع الآخر. نبدل بين مساندي الطرفين ومساندي النهايتين.

4ضد4 في مربع ثم تغيير اللعب لـ 1ضد1 للتسجيل في المرمى

شرح التمرين: يتكون كل فريق من 5 لاعبين. 4 في منطقة المناورة و لاعب في منطقة التسجيل. الفريق المستحوذ على اللّعب يعمل 4 تمريرات متتالية ثم يمرر للاعبه في منطقة التسجيل في وضع 1ضد1. يبدل لاعب منطقة التسجيل كل 3 دقائق.

الأهداف: تغيير اللّعب - التحوّل من الهجوم للدفاع والعكس. تحمّل هوائي عالي الشدة.

النقاط التدريبية: دقة التمرير والمحافظة على الكرة يساهم في نجاح الفريق في ايصال الكرة لمنطقة التسجيل. اختيار التوقيت واللّاعب الأنسب للتغيير. الحضور الذهني للتحول من الهجوم للدفاع والعكس.

التطويرات: يسمح بمشاركة لاعب واحد من منطقة المناورة لمنطقة التسجيل في وضع 2ضد1.

مصطلحات كرة القدم

التخطيط الدوري (Periodization) هو تنظيم الحمل التدريبي على مدار الموسم لضمان وصول اللاعبين إلى ذروة الأداء في الأوقات الحاسمة, مع تجنب الإرهاق والإصابات. في فترة الإعداد للموسم, يتم تقسيم هذه الفترة إلى مراحل:

- **المرحلة الأولى (Base Building):** التركيز على بناء قاعدة هوائية قوية, وتطوير القوة الأساسية, والتأقلم مع الكرة. تكون الشدة معتدلة والحجم مرتفع نسبيًا.

مباراة 8ضد8 في نصف ملعب مراقبة تغيير اللّعب وبحسب الهدف بهدفين

شرح التمرين: في هذه المباراة, فريق يلعب للتسجيل في مرميين جانبين وفريق يهاجم مرمى رئيسي. المرميان الجانبيان لمرقبة تغيير اللّعب. نبدل الفريقان نهاية الشوط الأول.

الأهداف: التدريب على تغيير اللّعب في وضع مباراة. تحمّل هوائي عالي الشدة.

النقاط التدريبية: اوجود المرميان الجانبيان يساعدان لاعبي فريق البناء على تغيير اللّعب خصوصاً عندما يتكتل لاعبو الفريق المدافع في جهة واحدة.

التطويرات: الهدف المسجل من لعبة تغيير اللعب يحتسب بهدفين.

مصطلحات كرة القدم

التخطيط الدوري (Periodization)
- **المرحلة الثانية (Specific Preparation):** زيادة الشدة والتركيز على القدرات البدنية الخاصة بكرة القدم (السرعة, القوة الانفجارية, القدرة على تكرار الركض السريع), مع دمج المزيد من الجوانب التكتيكية.

- **المرحلة الثالثة (Pre-Competition):** تخفيف الحمل التدريبي مع اقتراب المباريات الرسمية, والتركيز على التكتيكات النهائية للفريق, والمباريات الودية لضبط الإيقاع.

- **الميزة:** يضمن وصول اللاعبين إلى أعلى مستويات اللياقة البدنية والفنية في الوقت المناسب, ويقلل من مخاطر الإصابات الناتجة عن الحمل الزائد أو غير المنظم.

شرح التمرين: العب 11 ضد 11 مع مراعاة مشاهدة تطبيق جميع أهداف الأسبوع.

الأهداف: تغيير اللعب - الانتقال من الهجوم إلى الدفاع والعكس - استخدام العرض. الاستفادة من الدعم. البناء والتحرك للأمام - وحدة الهجوم.

النقاط التدريبية: جميع نقاط التدريب

التطويرات: اللعب الحر المستمر

مصطلحات كرة القدم

التركيز على الاستشفاء (Recovery Emphasis)

لم يعد التدريب مقتصرًا على الجهد البدني، بل أصبح الاستشفاء جزءًا لا يتجزأ من العملية التدريبية:

- **النوم الكافي:** التأكيد على أهمية النوم عالي الجودة.

- **التغذية السليمة:** توفير برامج غذائية مخصصة لدعم الاستشفاء وتحسين الأداء.

- **العلاج الطبيعي والاستشفاء:** استخدام وسائل مثل التدليك، حمامات الثلج، التمدد، وتقنيات الاسترخاء.

- **الميزة:** تسريع استعادة اللاعبين لطاقتهم، تقليل خطر الإصابات، وتحسين الأداء في الوحدات التدريبية والمباريات.

5ضد1 إلى 5ضد5 المحافظة على الاستحواذ مع زيادة عدد الفريق المدافع 10 د
احماء+ مجموعة تقوية بطن وظهر

اختراق خطوط المنافس 5ضد2 و5ضد3 على مربعين – مباراة خط 15 د

مباراة 5ضد5 بمرميات وحراسة بشروط على الفريق المدافع 20د +1ضد1 دفع
باليدين

مباراة 5ضد5 بمرميات وحراسة ملاحظة تقدم الفريق والاختراق 30د

10د تقوية لمختلف أجزاء الجسم

**ملاحظات
الأسبوع الثاني**

على المستوى البدني، ونظرا للعلاقة الخطية بين استهلاك الطاقة ومعدل ضربات القلب فإن هذا الأخير يستخدم لتقدير شدة الحمل التدريبي على أرض الملعب. معدل ضربات القلب سهل القياس وهو كذلك أداة للتحكم في شدة النشاط البدني زيادة ونقصاناً.

5ضد1 إلى 5ضد5 المحافظة على الاستحواذ مع زيادة عدد الفريق المدافع

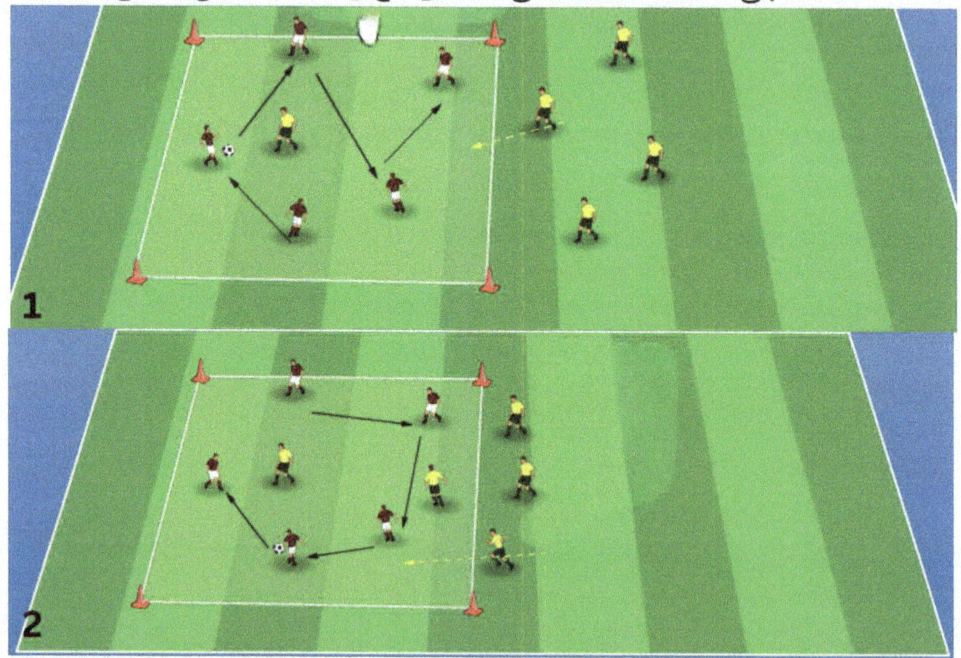

شرح التمرين: في هذا الإحماء, الفريق المستحوذ على الكرة يلعب بـ5 لاعبين مكتملا بينما الفريق المدافع يبدأ بالتدريج واحداً بعد آخر. ولأن اللعبة للإحماء, فمجرد سيطرة الفريق المدافع على الكرة يعكس الدور ويبدأ الفريق المدافع الاستحواذ. عدد اللاعبين الذين يدخلهم الفريق المستحوذ من الفريق الآخر يحدّد الفريق الفائز في كل جولة. يتفق من البداية على عدد التمريرات للفريق المستحوذ قبل زيادة لاعب من الفريق المدافع.

الأهداف: التدريب على استغلال الزيادة العددية الهجومية - احماء بفكرة تكتيكية.

النقاط التدريبية:

الاتفاق على عدد التمريرات الذي يزيد بعدها الفريق المدافع لاعباً. التركيز وسرعة التصرف يساعدان على ادخال أكبر عدد من لاعبي الفريق المدافع لمربع اللّعب.

التطويرات: تقليل عدد التمريرات مع زيادة عدد لاعبي الفريق المدافع. الفريق المدافع الذي يدخل جميع لاعبيه يعاقب بعشر عدات بطن.

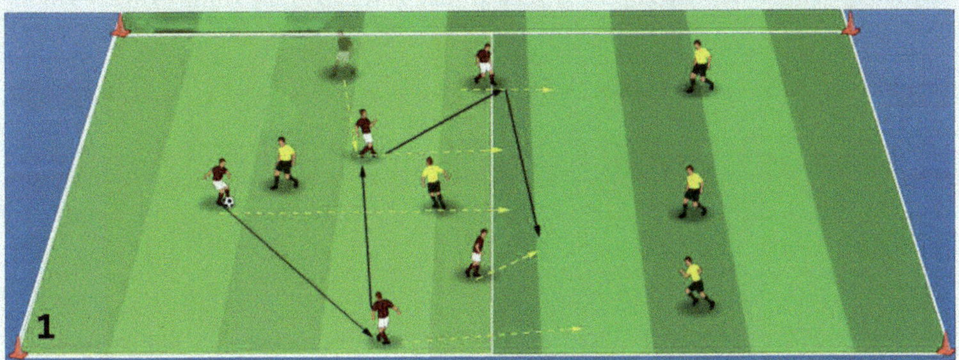

شرح التمرين: في هذه اللعبة على مربعين متلاصقين, يبدأ الفريق المهاجم في وضع 5ضد2 في مربع البناء ثم ينتقل للمربع الثاني ليواجه 3 لاعبي دفاع في وضع 5ضد3. الهدف هو وضع الكرة بعد خط نهاية ملعب الفريق المدافع. ثم يبدأ الفريق الآخر الهجوم بنفس الوضع. الدفاع في كل مربع يبدأ من المنتصف.

الأهداف: الدعم والزيادة العددية الهجومية - وحدة الهجوم. تحمّل هوائي متوسط الشدة.

النقاط التدريبية:

استغلال الطرفين للوصول إلى مناطق متقدمة. تحرك اللاعب بدون كرة. اللّعب للّاعب الثالث.

التطويرات: الفريق الذي يصل للنهاية وينجح في التسجيل يعكس جهة الهجوم في وضع 5ضد3 ثم 5ضد2 في المربع التالي.

مباراة 5ضد5 بمرميات وحراسة بشروط على الفريق المدافع

شرح التمرين: في هذه المباراة الذي يضاف فيها المرميات وحراسة المرمى على اللّعبة السابقة, يبدأ الفريق المهاجم في وضع 6ضد2 بمشاركة حارس المرمى. عندما ينتقل الهجوم للنصف الثاني من الملعب يكون الوضع 5ضد3 لانهاء الهجوم. في أي لحظة ينجح فريق الدفاع من الاستحواذ على الكرة, يتحول من الدفاع للهجوم.

الأهداف: مشاركة حارس المرمى في بناء الهجوم. التحول من الدفاع للهجوم. الاختراق. تحمّل هوائي متوسط الشدة.

النقاط التدريبية: استغلال الزيادة العددية في بداية الهجوم في وضع 6ضد2 للانتقال للمرحلة التالية وانهاء الهجوم بالتسجيل. وحدة الهجوم ستكون فارقة بالزيادة العددية في كل مرحلة من مراحل الهجوم.

التطويرات: ازالة شرط بدء الدفاع بلاعبين اثنين.

مباراة 5ضد5 بمرميات وحراسة ملاحظة تقدم الفريق والاختراق

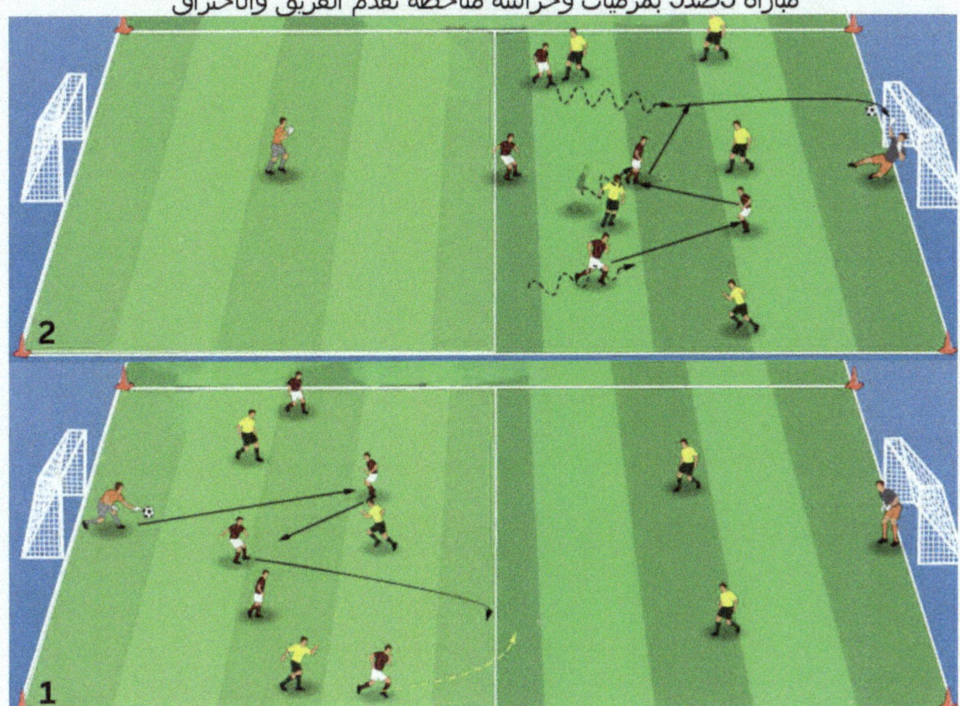

شرح التمرين: في هذه المباراة التي تزال فيها شروط المباراة السابقة, يلعب فريقان 5ضد5 مباراة اعتيادية لملاحظة تقدم الفريق واختراق صفوف دفاع المنافس.

الأهداف: الاختراق - وحدة الهجوم - الزيادة العددية في مركز اللّعب. تحمّل هوائي متوسط الشدة.

النقاط التدريبية: البناء باستخدام حارس المرمى يعطي الزيادة العددية والأفضلية الهجومية. في حال صعود جميع لاعبي الفريق المدافع للضغط عالياً, نستغل الفرصة باللّعب كرة طويلة خلف آخر خط دفاع.

التطويرات: اللّعب من لمستين والتسجيل من لمسة واحدة.

احماء بالكرة بين زميلين تمرير وتحرك في المكان ثم التحرك الثنائي بالكرة للأمام10د

لعبة 2ضد2 + 2 الدعم الهجومي من الأطراف- مباراة على مرميين صغيرين 15 د

تقوية 2 مجموعة بطن وظهر 5 د

لعبة 4ضد4 + 2 بناء الهجوم والدعم الهجومي في ثلاثة مربعات متتالية 20د

مباراة 7 ضد7 بمرميات وحراسة بناء الهجوم والدعم الهجومي 30د

10د تقوية بلانكس

ملاحظات الأسبوع الثاني

مقياس بورغ لتقدير الجهد المحسوس	مقياس بورغ	الجهد المحسوس	من% النبض الأقصى
يستخدم لقياس الصعوبة التي يعمل بها جسم اللاعب أثناء التمرين أو الوحدة التدريبية مكتملة.	6	لا شيء	50
	7-9	خفيف جدا	50-60
	10-12	خفيف - متوسط	60-70
يساعد هذا المقياس في تقييم الحمل التدريبي	13.14	قوي	70-80
	15-16	صعب جدا	80-90
	17-20	الجهد الأقصى	90-100

لعبة 2ضد2 + 2 الدعم الهجومي من الأطراف– مباراة على مرمين صغيرين

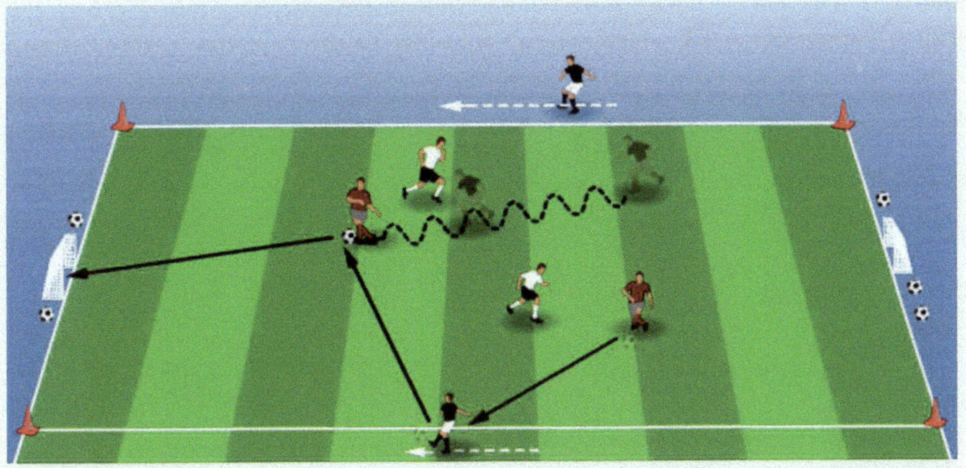

شرح التمرين: في ملعب 12×24, نلعب 2ضد2. الفريق المستحوذ على الكرة يستفيد من مساندين على طول الطرف.

الأهداف: الاختراق - مساهمة الطرف في بناء الهجوم - تحمّل هوائي متوسط الشدة.

النقاط التدريبية:

التمريرة الجدارية مع لاعب الطرف المساندة لاستغلال الفراغ خلف المنافس. اللّعب للّاعب الثالث.

التطويرات: مشاركة الطرف المقابل في انهاء الهجوم والتسجيل بالدخول للداخل.

لعبة 4ضد4 +2 بناء الهجوم والدعم الهجومي في ثلاثة مربعات متتالية

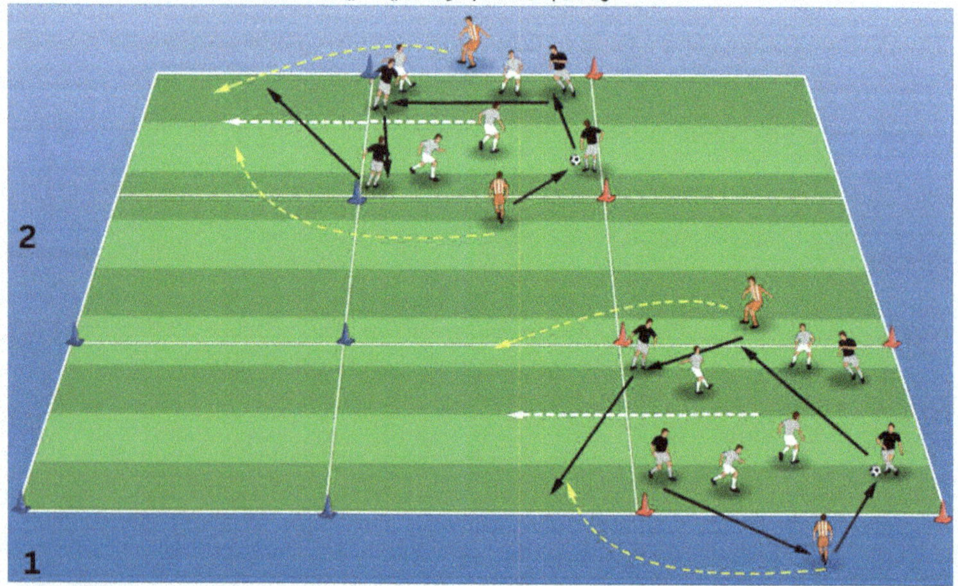

شرح التمرين: في ملعب من 3 مربعات متجاورة كل مربع 18×18, نلعب 4ضد4. الفريق المستحوذ على الكرة يستفيد من مساندين على طول الطرف. الفريق يبدأ في المربع الأول بناء تحت الضغط. يكمل التمريرات المتفق عليها وينتقل للمربع التالي ثم للمربع الثالث ليسجل له نقطة.

الأهداف: الاختراق - مساهمة الطرف في بناء الهجوم - تحمّل هوائي عالي الشدة. الحضور الذهني والتركيز. التحول من الدفاع للهجوم والعكس

النقاط التدريبية: اللّعبة تحتاج لحضور ذهني وتركيز لاختيار التوقيت المناسب للانتقال للمربع التالي.

التطويرات: لمستان للّاعب على الكرة. عدم تحديد عدد تمريرات قبل الانتقال للمربع التالي.

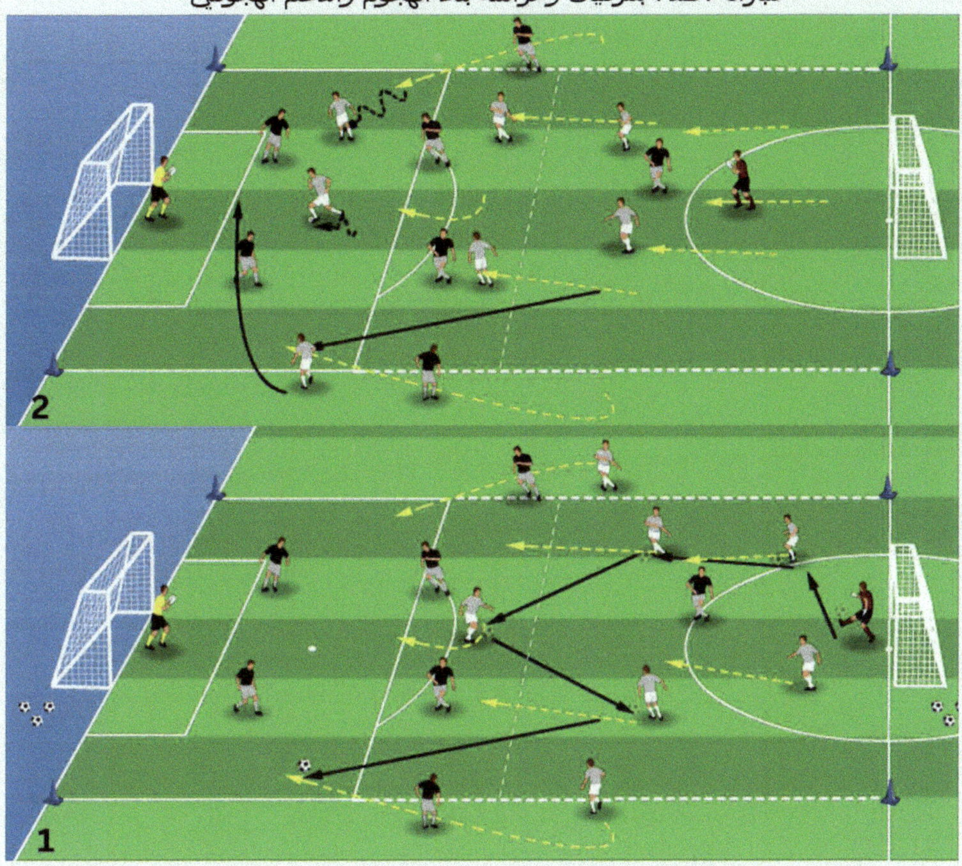

شرح التمرين: مباراة 7ضد7 في نصف ملعب عرضه منطقة 18 ياردة. المساحة المتبقية في الطرفين لحركة الظهيرين لعمل الدعم الهجومي.

الأهداف: الاختراق - مراقبة مشاركة الطرف في بناء الهجوم - تحمّل هوائي عالي الشدة. الدعم الهجومي.

النقاط التدريبية: اللّعب في المنطقتين الطرفيتين بدون ضغط ممّا يساعد الظهيرين على عمل كرات عرضية متقنة. توقيت وصول المهاجمين والظهير المقابل لمنطقة التسجيل لمقابلة الكرة العرضية.

التطويرات: مشاركة الظهير المعاكس للكرات العرضية التي ينفذها الظهير الآخر.

أسبوع 2 - يوم 3

احماء بالكرة 3ضد1 في مربع 7×7   10 د

البناء تحت الضغط 6ضد6 بإضافة 2 لكل فريق في الزوايا 18 د

البناء تحت الضغط-7 ضد7-أربع مناطق 20د

البناء والدعم الهجومي 8ضد8 مع حرية الظهيرين 30 د

3 مجموعات تقوية بطن وظهر 10د

المتطلبات البدنية الأساسية للاعب كرة القدم هي: القوة, السرعة, التحمّل والمرونة. التوافق العضلي العصبي يضم كل المكونات السابقة. والقدرة من القوة والتحمّل . والقوة الانفجارية من السرعة والقوة. ويمكن ملاحظة القدرة على تحمّل السرعة من مكوني التحمّل والسرعة.

البناء تحت الضغط 6ضد6 بإضافة 2 لكل فريق في الزوايا

شرح التمرين: في مساحة لعب 40×30 يلعب 6ضد6 بهدف إيصال الكرة لزميلين في زاويتي نهاية الملعب. يُستبدل لاعبا الزوايا كل 3 دقائق.

الأهداف: بناء الهجوم تحت الضغط - تحمّل هوائي منخفض الشدة.

النقاط التدريبية: ابحث عن الثغرات في دفاع المنافس لايصال الكرة لإحدى الزاويتين.
الفريق المدافع يضغط عالياً للاستحواذ والتسجيل في احدى زاويتيه من أقرب نقطة.

التطويرات: التبديل مع لاعب الزاوية عند التمرير إليه ليدخل بالكرة ويبدأ هجوما آخر بالعودة للخلف وترتيب الهجوم مع الخط الخلفي للفريق.

مصطلحات كرة القدم

المراقبة والتحليل بالبيانات (Data-Driven Monitoring and Analysis)

يتم استخدام التكنولوجيا المتقدمة لمراقبة أداء اللاعبين بدقة خلال فترة الإعداد:

أجهزة GPS وعدادات التسارع (Accelerometers): لتتبع المسافة المقطوعة، السرعة القصوى، عدد التسارعات والتباطؤات، الحمل الكلي على اللاعب.

معدل ضربات القلب (Heart Rate Monitors): لمراقبة شدة التمرين والاستجابة الفسيولوجية للاعبين.
تحليل الفيديو (Video Analysis): لتحليل الأداء الفني والتكتيكي لكل لاعب وللفريق ككل.

الميزة: يسمح للمدربين بتقييم الحمل التدريبي بدقة، تخصيص البرامج التدريبية لكل لاعب بناءً على احتياجاته وقدراته، تحديد مؤشرات الإرهاق المحتملة لتجنب الإصابات، وتحسين اتخاذ القرارات التدريبية.

البناء تحت الضغط- 7ضد7-أربع مناطق

شرح التمرين: في مساحة لعب 45×80 مقسّمة إلى أربع مناطق. يلعب 7ضد7 بتشكيل 1-3-3 لكل فريق. أفراد الفريق يتوزعون في منطقتين منفصلتين. الفريق المهاجم يبدأ الهجوم من حراسة المرمى بهدف إيصال الكرة لخط وسطه خلف لاعبي الضغط للفريق المدافع. بوصول الكرة لهم يكون الوضع 4ضد3 في منطقة التسجيل.

الأهداف: بناء الهجوم تحت الضغط - تحمّل هوائي متوسط الشدة.

النقاط التدريبية: استغل سوء ترتيب خط الدفاع الأول بالتمرير للأمام واختراق هذا الصف.

التطويرات: كل نصف ملعب يكون الوضع 4ضد3.- تزال المناطق ونلعب لعباً حراً مع مراقبة تطبيق البناء تحت الضغط وتمرير العمق.

البناء والدعم الهجومي 8ضد8 مع حرية الظهيرين

شرح التمرين: في مساحة لعب محصورة بين منطقتي الجزاء, يلعب 8ضد8 مباراة اعتيادية بين فريقين أحدهما فريق البناء. هذا الأخير لديه ظهيران بحرية تامة في الطرفين. فريق البناء يلعب بتشكيل 4-3-1.

الأهداف: الدعم الهجومي للظهيرين. بناء الهجوم تحت الضغط - تحمّل هوائي متوسط الشدة.

النقاط التدريبية: تنبيه الظهيرين إلى تغيّر التشكيل إلى 3-3-2 حال الهجوم. التأكيد على الدعم الهجومي لظهيرين ومشاركة الظهير المقابل في الكرات العرضية.

التطويرات: اللّعب 11ضد11 في كامل الملعب بنفس الفكرة التكتيكية وتشجيع الظهيرين على الوصول لمناطق متقدمة.

مصطلحات كرة القدم

التدريب الفردي والمخصص (Individualized and Tailored Training)

مع تطور تحليل البيانات, أصبح من الممكن تصميم برامج تدريبية مخصصة لكل لاعب بناءً على:

مركزه في الملعب: متطلبات الجناح تختلف عن متطلبات قلب الدفاع.
نقاط قوته وضعفه: لاعب يحتاج لتحسين سرعته يتدرب بشكل مختلف عن لاعب يحتاج لتحسين لياقته الهوائية.
تاريخ إصاباته: وضع برامج وقائية لتقليل مخاطر تكرار الإصابات.
حالة لياقته الحالية: اللاعب العائد من إصابة يحتاج إلى برنامج تأهيلي مختلف.

الميزة: يزيد من فعالية التدريب ويقلل من احتمالية الإرهاق والإصابات, ويساعد اللاعب على تحقيق أقصى إمكاناته.

احماء بالكرة الدفاع الثنائي في مستطيل 6×12 10د

مباراة 2ضد2 في مستطيل 6×12 مرميات صغيرة 10 د (4"×2" راحة 2)

مباراة على مرمى واحد (2ضد2 ثم 2ضد2)20د

لعبة 6ضد6 في ثلاث مناطق 20 د

لعبة 6ضد6 في نصف ملعب محفوف 20 د

3 مجموعات تقوية بطن وظهر 10د

ملاحظات
الأسبوع الثاني

السرعة

المقدرة على تكرار الجري السريع في أعلى مستوياته. وتصنّف من ضمن المتطلبات اللّاهوائية.

السرعة القصوى: أقصى ما يمكن أن يصله اللاعب عندما يتسارع للوصول لأطول مسافة في أقل زمن ممكن. وهي تختلف من شخص لآخر ومن مسافة لأخرى.

احماء بالكرة الدفاع الثنائي في مستطيل 6×12

شرح التمرين: في مستطيل 6×12, اللاعبان في الطرف يمرران الكرة فيما بينهما. لاعبا الدفاع, لاعب يقوم بالضغط على حامل الكرة واللاعب الثاني يغطيه وعندما يمررها لزميله يقوم لاعب الدفاع الآخر بنفس العمل ومع تغطية زميله. ست تمريرات ثم تنقل للنهاية الأخرى وينتقل الفريق الذي نقل الكرة ليصبح فريق الدفاع.

الأهداف: تدريب الدفاع الثنائي. تحمّل هوائي منخفض الشدة.

النقاط التدريبية: الحفاظ على الشكل في الضغط والتغطية.

التطويرات: اللّعب باستمرارية النقل من نهاية لأخرى حتى ينجح الفريق المدافع في قطع الكرة ويصبح الفريق المتسبب في خسارة الكرة مدافعا.

مصطلحات كرة القدم

بشكل عام, تعتمد أحدث منهجيات التدريب في فترة الإعداد للموسم على التكامل, التخصيص, الاستناد إلى البيانات, والتركيز على الاستشفاء بهدف إعداد لاعبين شاملين قادرين على المنافسة على أعلى المستويات طوال الموسم.

مباراة 2ضد2 في مستطيل 6×12 مرميات صغيرة

شرح التمرين: في مستطيل 6×12, مباراة 2ضد2 بنفس استرتيجيات الدفاع الثنائي في التمرين السابق.

الأهداف: تدريب الدفاع الثنائي. تحمّل هوائي عالي الشدة.

النقاط التدريبية: الحفاظ على الشكل في الضغط والتغطية.

التطويرات: الفريق المهاجم يلعب بلمستين لكل لاعب.

مباراة على مرمى واحد (2ضد2 ثم 2ضد2)

شرح التمرين: في مستطيل 10×20, مباراة 2ضد2 بهدف إيصال الكرة لزميل في نهاية المستطيل ليردها لهما باتجاه المرمى ليبدأ الاثنان محاولة التسجيل على المرمى . في حال استحوذ المدافعان على الكرة تُمرّر للزميلين داخل المستطيل ليعكس الدور ويخرج مدافعان من الفريق الآخر وهكذا تستمر اللّعبة.

الأهداف: تدريب اساسيات الهجوم 2ضد2. تحمّل هوائي عالي الشدة.

النقاط التدريبية: اللّعبة تحتاج إلى تركيز عال خصوصاً المدافعون الذين ينتظرون دورهم في الدفاع. اللّعب في المستطيل قد ينعكس لذلك ينبغي الانتباه.

التطويرات: يشارك لاعب النهاية في الهجوم في وضع 3ضد2.

لعبة 6ضد6 في ثلاث مناطق

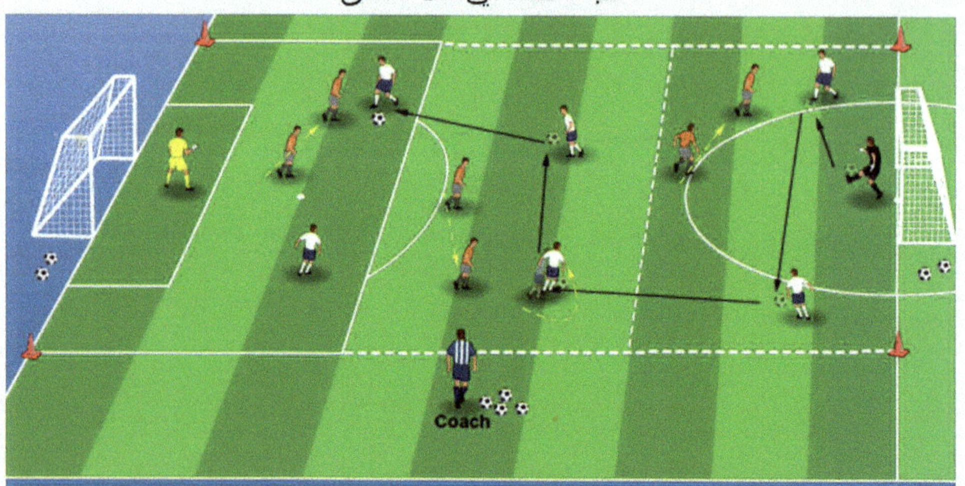

شرح التمرين: في نصف ملعب مقسم لثلاث مناطق, يلعب 6ضد6 مقسمة على المناطق في وضع 2ضد2. في كل منطقة يدافع اللاعبان بلاعب ضغط على المستحوذ على الكرة ولاعب تغطية. و يكون هدف الفريق المهاجم هو ايصال الكرة للمنطقة التالية حتى التسجيل. في أي لحظة يستحوذ المدافعان على الكرة يتم التحول للهجوم.

الأهداف: الدفاع الثنائي. تحمّل هوائي عالي الشدة.

النقاط التدريبية: المدرب يكون مراقباً للمباراة ويقرر في أي لحظة توقف للّعب, من أي منطقة يبدأ اللّعب. المباراة فيها مجهود بدني عالٍ وينبغي الانتباه لوقت راحة كافٍ.

التطويرات: اللّعب 6ضد6 دون تحديد لعدد اللاعبين في كل منطقة. تُزال المناطق ويلعب مباراة اعتيادية يُراقب فيها الدفاع الثنائي.

شرح التمرين: في نصف ملعب محفوف الأطراف وبعرض منطقة الجزاء, مباراة 6ضد6 مشابهة للتطوير الأخير في اللّعبة السابقة. تعزيز الدفاع الثاني والمحافظة على الشكل أثناء التنفيذ.

الأهداف: الدفاع الثنائي. تحمّل هوائي عالي الشدة.

النقاط التدريبية: هذه المباراة, لمراقبة تطبيق الدفاع الثنائي. تصحّح الأخطاء ولكن يعطى اللّاعبون فرصة للعب باستمرار وحرية وابتكار.

التطويرات: اللّعب بلمستين لكل لاعب واشتراط التسجيل من اللّمسة الأولى.

مصطلحات كرة القدم

القواعد التكتيكية الهجومية (Offensive Tactical Principles)

تهدف هذه القواعد إلى خلق الفرص وتسجيل الأهداف. يعتمد نجاح الهجوم على التنسيق، الإبداع، وسرعة اتخاذ القرار.

1.بناء اللعب (Build-up Play):
- الخروج بالكرة من الخلف: يبدأ الهجوم من حارس المرمى والمدافعين، مع التركيز على التمرير القصير والآمن لتجاوز الضغط الأول للخصم.

- تحريك الكرة: التمرير السريع والذكي للكرة بين اللاعبين لتغيير اتجاه اللعب وخلق مساحات.

- فتح الملعب (Width): نشر اللاعبين على أطراف الملعب لخلق مساحات في العمق وتمديد دفاع الخصم.

أسبوع 2 - يوم 5

كل لاعب بكرة في مربع 15×15 محفوف بسلالم التوافق 10د

احماء بالكرة 4ضد2 في مربعين متجاورين 8×8 10د

2 مجموعة تقوية بطن وظهر 5د

لعبة استحواذ 8 ضد8 5تمريرات وتثبت الكرة على أحد أضلاع الملعب المستطيل 20د

مباراة 8ضد8 4/3 الملعب 30د

بلانكس10 د

التوافق العضلي العصبي:
القدرة على أداء الأفعال بدون تكلّف في مواقف يمكن التنبؤ بها (تلقائية) أو غير متوقعة (تكيّف) ، وسرعة تعلم الحركات عند سرعة معينة.
تمرينات التوافق تتطلّب المكونات البدنية الأربعة، القوة، السرعة، التحمّل والمرونة.

كل لاعب بكرة في مربع 15×15 محفوف بسلالم التوافق

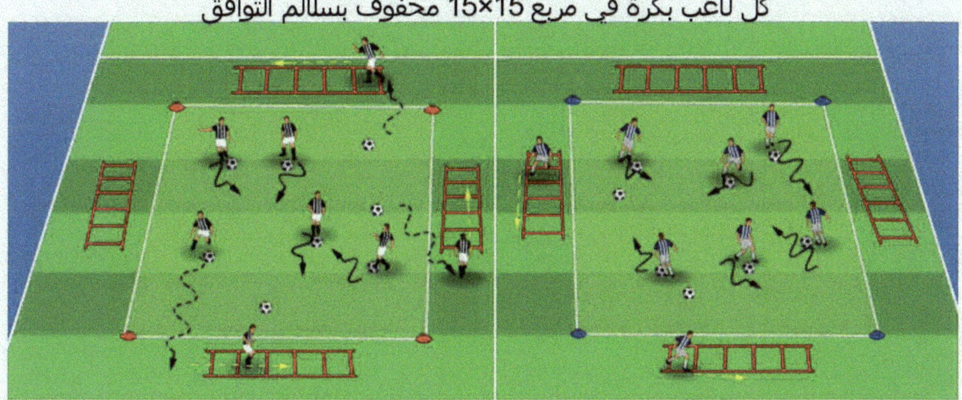

شرح التمرين: في هذا الاحماء, كل لاعب يؤدي عمل معين بالكرة كما يطلب منه المدرب, ثم يقوم بعمل تمرين التوافق المعين من قبل المدرب للمدة المقررة ثم تغير الحركة بالكرة وحركة التوافق المصاحبة لها وهكذا حتى مدة سريان التمرين. مدة العمل 1 د والراحة 30 ث.

الأهداف: احماء مهاري - تدريب التوافق. تحمّل هوائي متوسط الشدة.

النقاط التدريبية: على اللّاعبين التوزّع بشكل منتظم على مواقع السلالم الأربعة.وقت العمل بالكرة والتوافق لا يتجاوز 15 ث حتى يتمكن اللّاعب من أداء حركة التوافق 4 مرات.

التطويرات: ينوع اللّاعب في كل مرة حركة التوافق.

مصطلحات كرة القدم
القواعد التكتيكية الهجومية

2-اختراق الدفاع (Penetration):

- التمرير البيني (Through Balls): إرسال كرات دقيقة بين المدافعين للمهاجمين المتحركين خلف خط الدفاع.

- الجري في العمق (Runs in Behind): تحركات المهاجمين ولاعبي خط الوسط المتقدمين خلف خط الدفاع لاستلام التمريرات.

- التحرك بين الخطوط (Between the Lines): تحركات اللاعبين المبدعين (مثل صانعي الألعاب) في المساحات بين خطي دفاع ووسط الخصم.

احماء بالكرة 4ضد2 في مربعين متجاورين 8×8

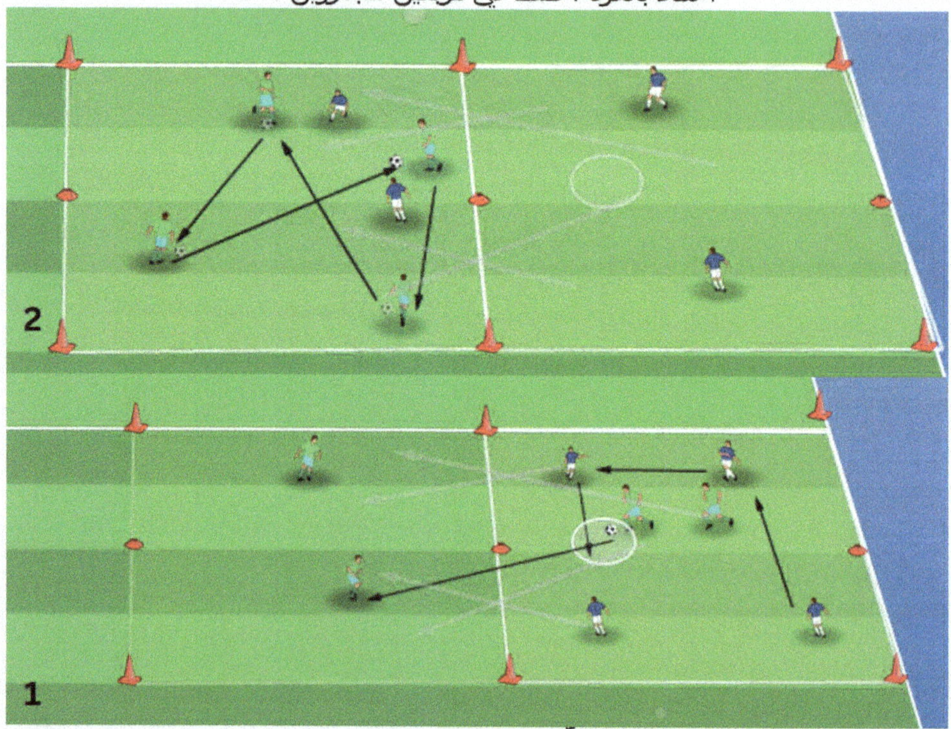

شرح التمرين: في هذه اللّعبة، الفريق المستحوذ على الكرة يتناقل الكرة فيما بين لاعبيه في وضع 4ضد2 وكل 6 تمريرات بنقطة. عندما ينجح الفريق المدافع في الاستحواذ على الكرة ينقلها للاعبين متواجدين في النصف الآخر وينتقل اللاعبان معهما ليبدؤوا الاستحواذ في وضع 4ضد2.

الأهداف: تدريب الضغط على المستحوذ على الكرة - التحول الهجومي.تحمّل هوائي متوسط الشدة.

النقاط التدريبية: على الفريق المستحوذ العناية بدقة التمرير وثقله. وعلى لاعبي الضغط الدفاع في مكان الكرة وتقليل مساحة اللّعب على المهاجمين وتقليل خيارات التمرير.

التطويرات: اللّعب بلمستين لكل لاعب من الفريق المهاجم المستحوذ على الكرة.

لعبة استحواذ 8ضد8 5تمريرات وتثبت الكرة على أحد أضلاع الملعب المستطيل

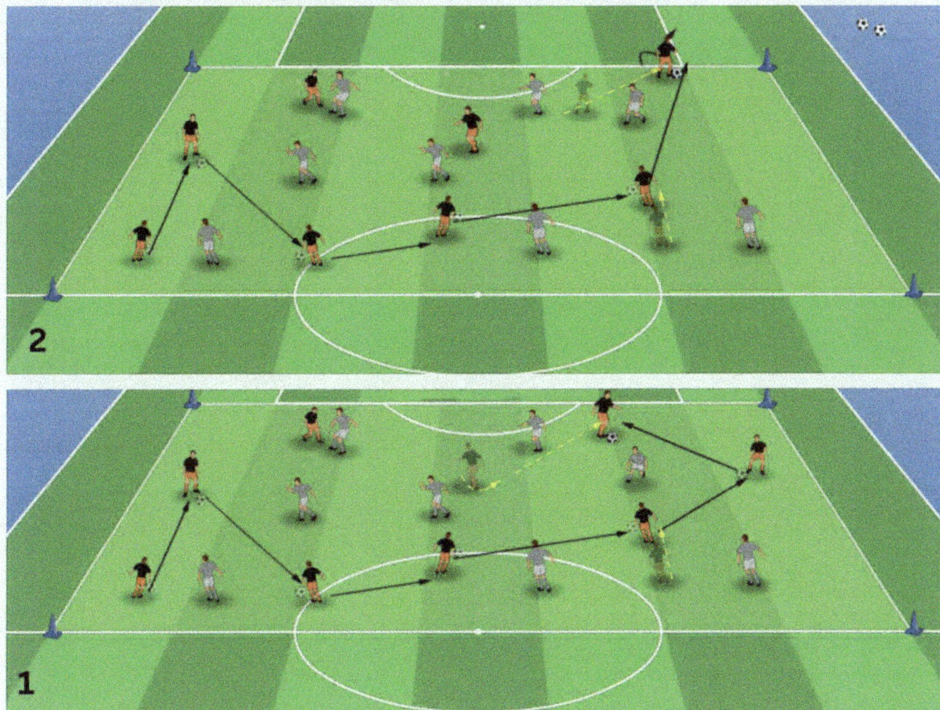

شرح التمرين: في هذه اللّعبة، الفريق المستحوذ على الكرة يتناقل الكرة فيما بين لاعبيه بهدف المحافظة على الكرة وعمل 6 تمريرات ثم وضع الكرة بعد خط أحد أضلاع مستطيل اللّعب.

الأهداف: تدريب الاحتفاظ بالكرة - التحرك بدون كرة - تحمّل هوائي متوسط الشدّة.

النقاط التدريبية: على الفريق المستحوذ العناية بدقة التمرير وثقله لينجح الفريق في بلوغ عدد التمريرات المطلوب. عدم تكتّل أفراد الفريق في جهة معينة والانتشار لتحقيق الهدف.

التطويرات: اللّعب باستمرار وحساب الأهداف بكل عدد تمريرات متفق عليها بهدف.

شرح التمرين: في هذه المباراة, يلعب فريقان 8ضد8 مباراة اعتيادية ويراقب فيها قدرة الفريقين في الاحتفاظ بالكرة لأطول فترة ممكنة لخلخلة صفوف المنافس وصنع فرص للتسجيل في المرمى. فريق يلعب بتشكيل 4-3-1 وفريق بتشكيل 3-3-2.

الأهداف: تدريب الاحتفاظ بالكرة - التحرك بدون كرة - تحمّل هوائي عالي الشدّة.

النقاط التدريبية:على الفريق المستحوذ العناية بدقة التمرير وثقله لينجح الفريق في الاحتفاظ بالكرة و خلخلة صفوف المنافس. الانتشار الجيد يساعد في تحقيق الهدف.

التطويرات: اللّعب كامل الملعب 11ضد11 مع مراقبة مدى تحقق جميع الأهداف.

شرح التمرين: العب 11 ضد 11 مع مراعاة مشاهدة تطبيق جميع أهداف الأسبوع.

الأهداف: الحفاظ على الكرة - التحرك بدون الكرة. الضغط - التحول الهجومي. الدفاع المزدوج. أساسيات الهجوم. الدعم الهجومي للظهيرين . بناء الهجوم تحت الضغط.- الاختراق - مراقبة مساهمة الأجنحة في بناء الهجوم. وحدة الهجوم. مشاركة حارس المرمى في بناء الهجوم. الانتقال من الدفاع إلى الهجوم. الدعم والزيادة العددية الهجومية - وحدة الهجوم

النقاط التدريبية: جميع نقاط التدريب

التطويرات: اللعب الحر المستمر

مصطلحات كرة القدم
القواعد التكتيكية الهجومية

3-الحفاظ على الاستحواذ (Possession Retention):

الدعم (Support): تحرك اللاعبين لدعم حامل الكرة وتقديم خيارات تمرير قريبة.
الاستلام والتسليم (Receive and Give): سرعة اتخاذ القرار بالتمرير بعد استلام الكرة لتجنب فقدانها.
التدوير (Circulation): تمرير الكرة بين اللاعبين لتغيير زوايا اللعب والاحتفاظ بالكرة حتى تظهر فرصة للاختراق.

احماء بالكرة بين زميلين تمرير ومساندة ثم يصل لسرعة في نهايته 10 د

6 ضد 6 كرة يد مباراة خط داخل منطقة 18 ياردة 5 د

لعبة لتدريب السرعة على حدود منطقة 18 ياردة 20 د

مباراة 6 ضد 6 التنظيم الدفاعي والحفاظ على الشكل 20 د

تهدئة 10 د

ملاحظات
الأسبوع الثالث

أهداف تدريب السرعة:
- لزيادة القدرة للفعل السريع وإنتاج القوة بسرعة أثناء أداء عالي الشدة
- زيادة القدرة لإنتاج الطاقة باستمرار من خلال النظام اللاهوائي
- زيادة القدرة على الاستشفاء بسرعة بعد فترة من الأداء عالي الشدة

لعبة لتدريب السرعة على حدود منطقة 18 ياردة

شرح التمرين: في هذه اللّعبة جزءان. مباراة مصغرة لايصال الكرة للاعب نهاية في وضع 2ضد2, بعدها تبدأ مباراة السرعة 1ضد1 للتسجيل أو نجاح الدفاع في ابعاد الكرة. تبدأ اللّعبة الأولى بعدها بالفريق الذي كان مدافعا.

الأهداف: تطوير السرعة - الدفاع الفردي 1ضد1 - تمرين لا هوائي.

النقاط التدريبية: الاستعداد الذهني للانطلاق بأقصى سرعة مدافعاً أو مهاجماً.

التطويرات: توفير كرات كفاية ثم لا داعي لأن يقوم لاعب النهاية التي تصله الكرة بتمريرها للاعب السرعة بل على الأخير الانطلاق بالكرة المتوفرة لديه.

مصطلحات كرة القدم
القواعد التكتيكية الهجومية

4-الإنهاء (Finishing):

- الفعالية أمام المرمى: تحويل الفرص إلى أهداف من خلال التسديد الدقيق والقوي.

- التمركز في منطقة الجزاء: شغل المساحات الخطرة داخل منطقة الجزاء لاستقبال العرضيات أو الكرات المرتدة.

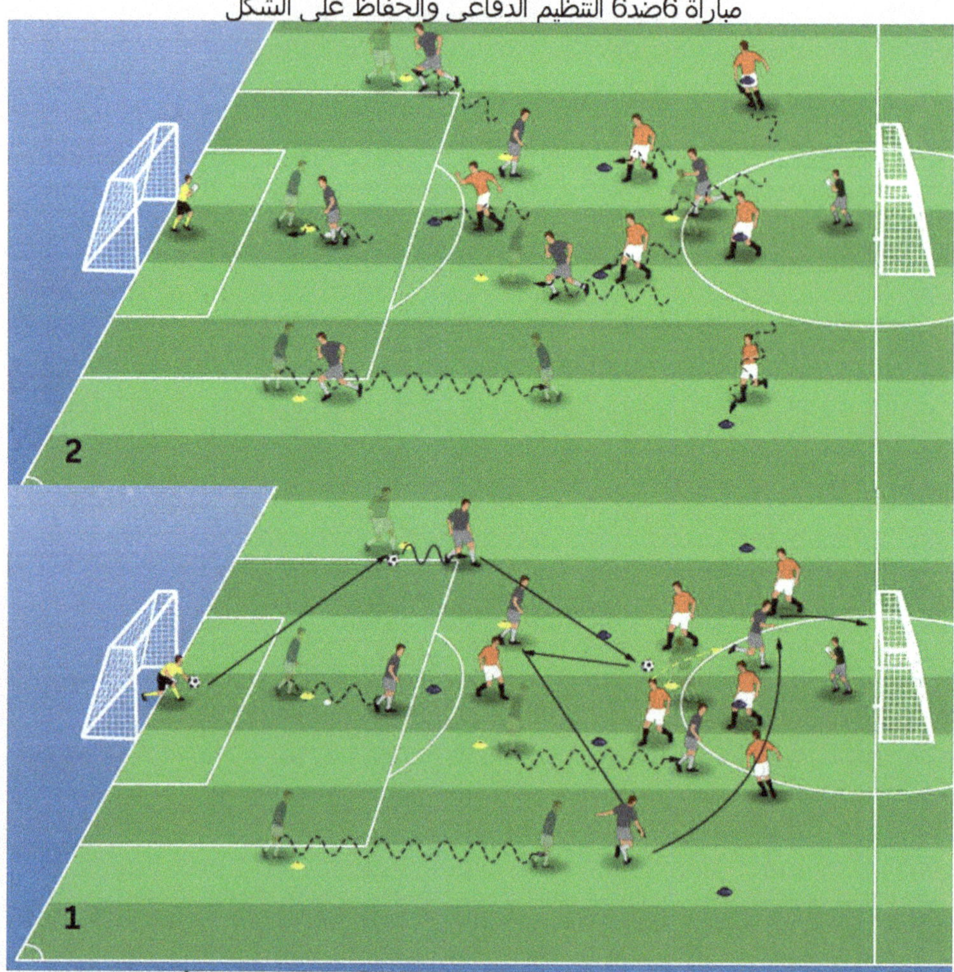

شرح التمرين: في هذه اللعبة نضع علامات لمراكز اللاعبين بحيث يتحرك اللّاعب للمشاركة هجوما أو دفاعاً مع المحافظة على الشكل ما أمكن ثم يعود لمكانه سريعا بعد انتهاء الهجوم.

الأهداف: تدريب السرعة - الحفاظ على الشكل- تمرين تحمّل هوائي عالي الشدّة.

النقاط التدريبية: الحفاظ على الشكل ما أمكن - العودة سريعا للمركز الأولي.

التطويرات: نزيل العلامات ونلاحظ كيف تكون استجابة اللاعبين للعودة للمركز الأولي.

احماء بالكرة 3ضد1 في مربع 7×7 - 10 د

3ضد3 لعبة الضغط على حامل الكرة في منطقة 18 ياردة - 15د

6ضد6 الدفاع ضد الكرات الطويلة - 20 د

مباراة 9ضد9 مراقبة الدفاع الثلاثي - 30 د

بلانكس - 10 د

ملاحظات الأسبوع الثالث

التأقلمات البدنية للتدريب اللاهوائي

- زيادة فاعلية التوافق بين الجهازين العصبي والعضلي.
- زيادة كمية الأنزيمات المتداخلة في انتاج الطاقة اللاهوائية.
- زيادة القدرة على انتاج اللاكتيك وإزالته.

3ضد3 لعبة الضغط على حامل الكرة في منطقة 18 ياردة

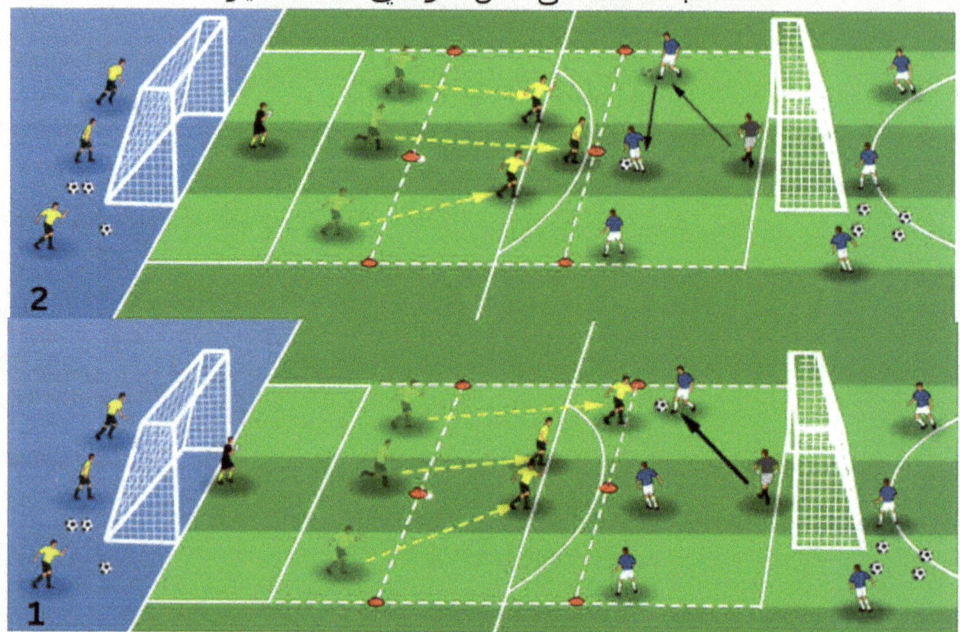

شرح التمرين: في هذه اللّعبة, كل فريق دفاع أو هجوم يتكون من 3 لاعبين. فريق المهاجمين يبدأ اللّعب من حراسة المرمى ويكون فريق الدفاع على بعد 10 ياردة ابتداءً ثم يتقدم للضغط على المستحوذ على الكرة ويأخذ اللاعبين الشكل المناسب للتغطية. حال تحرك الكرة يغيّر فريق الدفاع من شكله من الضغط والتغطية ليناسب موقع الكرة. فريق الهجوم يهدف للتسجيل في المرمى وفريق الدفاع حال الاستحواذ يتحول للهجوم.

الأهداف: تدريب القدرة Power - الحفاظ على الشكل- تمرين تحمّل هوائي عالي الشدّة. التّحوّل الهجومي والدفاعي.

النقاط التدريبية: الحفاظ على الشكل ما أمكن - التحوّل الذهني السريع للهجوم والدفاع.

التطويرات: نلعب مباراة 3ضد3 في نفس مساحة اللّعب وفيها نلاحظ طريقة الضغط والتغطية وكذلك سرعة التحول للهجوم والدفاع.

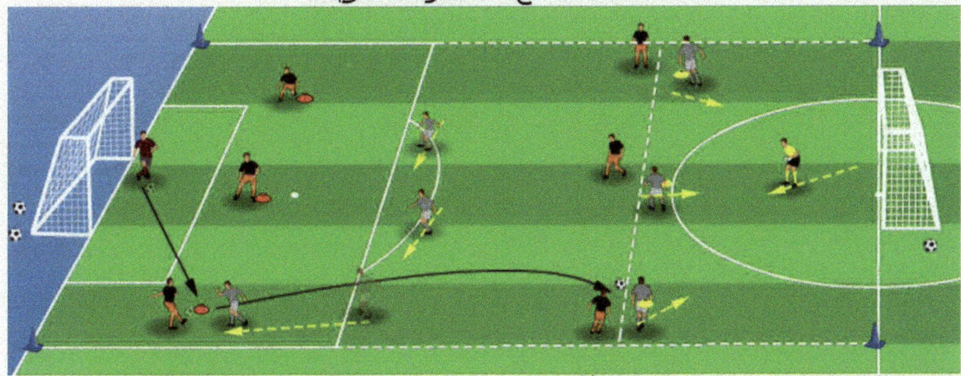

شرح التمرين: في هذه اللّعبة, كل فريق دفاع أو هجوم يتكون من 6 لاعبين موزعين على صفين من 3. فريق المهاجمين يبدأ اللّعب من حراسة المرمى ويكون فريق الدفاع خارج منطقة الجزاء ابتداءً ثم يتقدم للضغط على المستحوذ على الكرة قبل أن يلعبها كرة طويلة لزملائه في المقدمة. في حال لعب كرة طويلة فعلى المدافعين أن يكونوا على قراءة لمجريات اللّعب وأخذ الخطوات اللازمة من تراجعهم بحيث تكون الكرة الثانية في سيطرتهم. يستمر اللعب حتى سيطرة فريق المدافعين على الكرة أو تسجيل فريق الهجوم. ثم نبدأ هجوما آخر وهكذا.

الأهداف: تدريب المدافعين على التعامل مع الكرات الطويلة- تمرين تحمّل هوائي عالي الشدّة. التّحوّل الهجومي والدفاعي.

النقاط التدريبية: قراءة اللّعب - صف الدفاع الأخير يأخذ خطوات تراجع في لحظة لعب الكرة الطويلة لأخذ الأسبقية على الكرة الثانية.

التطويرات: حارس المرمى يلعب الكرة الطوية من منطقته.

مباراة 9ضد9 مراقبة الدفاع الثنائي

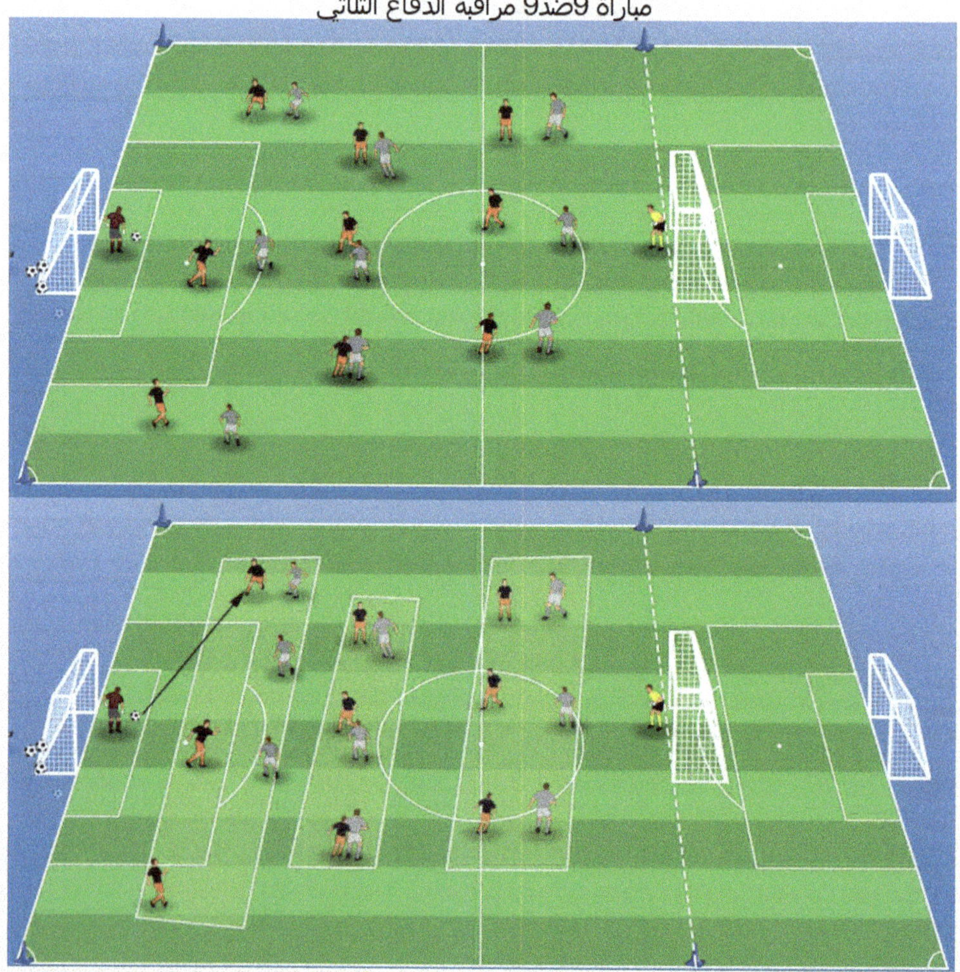

شرح التمرين: في هذه المباراة التي تُجرى في 3 أرباع الملعب بهدف مراقبة تطبيق الدفاع الثلاثي في وضع المباراة. الفريقان يلعبان بتشكيل 3-3-3.

الأهداف: تدريب الدفاع الثلاثي- تمرين تحمّل هوائي عالي الشدّة.

النقاط التدريبية: التركيز للحفاظ على الشكل - تراص الخطوط الثلاثة بمسافات مقبولة.

التطويرات: اللّعب مباراة على كامل الملعب 11ضد11 مع مراقبة تطبيق الدفاع الثلاثي.

احماء بالكرة 3 ضد1 في مربع 6×6 10 د

3 ضد3 + 3 لعبة التحول من الاستحواذ للدفاع   15 د

3 ضد1 تتحوّل إلى 5 ضد3 في مربع 20×20   20 د

مباراة 3 ضد1 تتحوّل إلى 5 ضد3 اللّعب على المرميات   30 د

3 مجموعات بطن كل خمس مرات يتم القفز عالياً   10 د

ملاحظات
الأسبوع الثالث

السعة الأقصى للأكسجين VO2 MAX. هي أكبر سعة للجسم لاستيعاب الأكسجين في حالة بذل أكبر مجهود في الدقيقة. وتقاس تلك الخاصية بالمليلتر أكسجين لكل دقيقة (مليلترO_2 /دقيقة). وقد تستخدم الخاصية VO_2max كمقياس لتقييم قدرة شخص على بذل مجهود جسماني

شرح التمرين: في هذه اللّعبة, 3 فرق من 3 لاعبين يتحد فريقان منهم ويدافع الفريقِ الثالث. الفريق الذي يتسبب في خسارة الكرة يصبح مدافعا. اللّعبة مستمرة لوقت محدّد.

الأهداف: تدريب التّحوّل من الدفاع للهجوم والعكس. تحمّل هوائي عالي الشدة.

النقاط التدريبية:التركيز الذهني العالي للتحول من الهجوم للدفاع والعكس.

التطويرات: تثبيت فريق الدفاع لوقت محدّدٍ ويحسب عدد مرات مقاطعته للكرة. في نهاية اكمال دوران الفرق دفاعاً يفوز الفريق الذي له العدد الأكبر.

3ضد1 تتحوّل إلى 5ضد3 في مربع 20×20

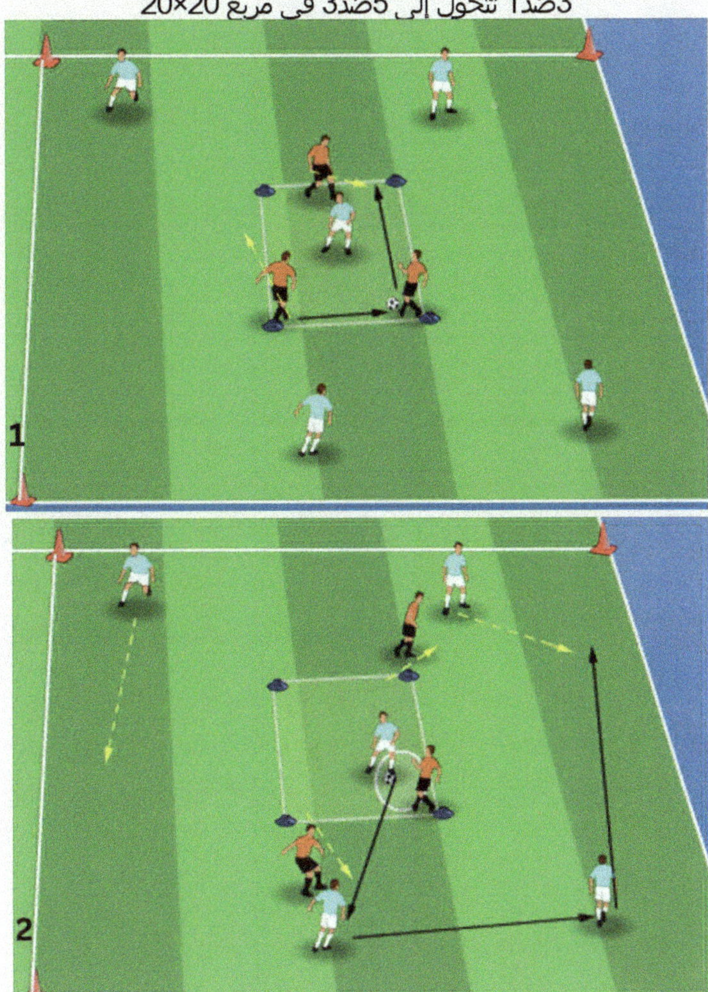

شرح التمرين: في هذه اللّعبة, فريق الهجوم يتكون من 3 لاعبين ويبدأ اللّعب في المربع الصغير في وضع 3ضد1. بمجرد خسارة الكرة يتحول للدفاع في المربع الكبير في وضع 5ضد3 لوقت محدد أو حتى ارجاع الكرة.

الأهداف: تدريب التّحوّل من الهجوم للدفاع . تحمّل هوائي عالي الشدة.

النقاط التدريبية: التركيز الذهني العالي للتحول من الهجوم للدفاع .

التطويرات: في وضع 5ضد3 للاعب الفريق المستحوذ على الكرة لمستان.

أسبوع 3 - يوم 3 - التمرين رقم - 4

مباراة 3ضد1 تتحوّل إلى 5ضد3 اللعب على المرميات

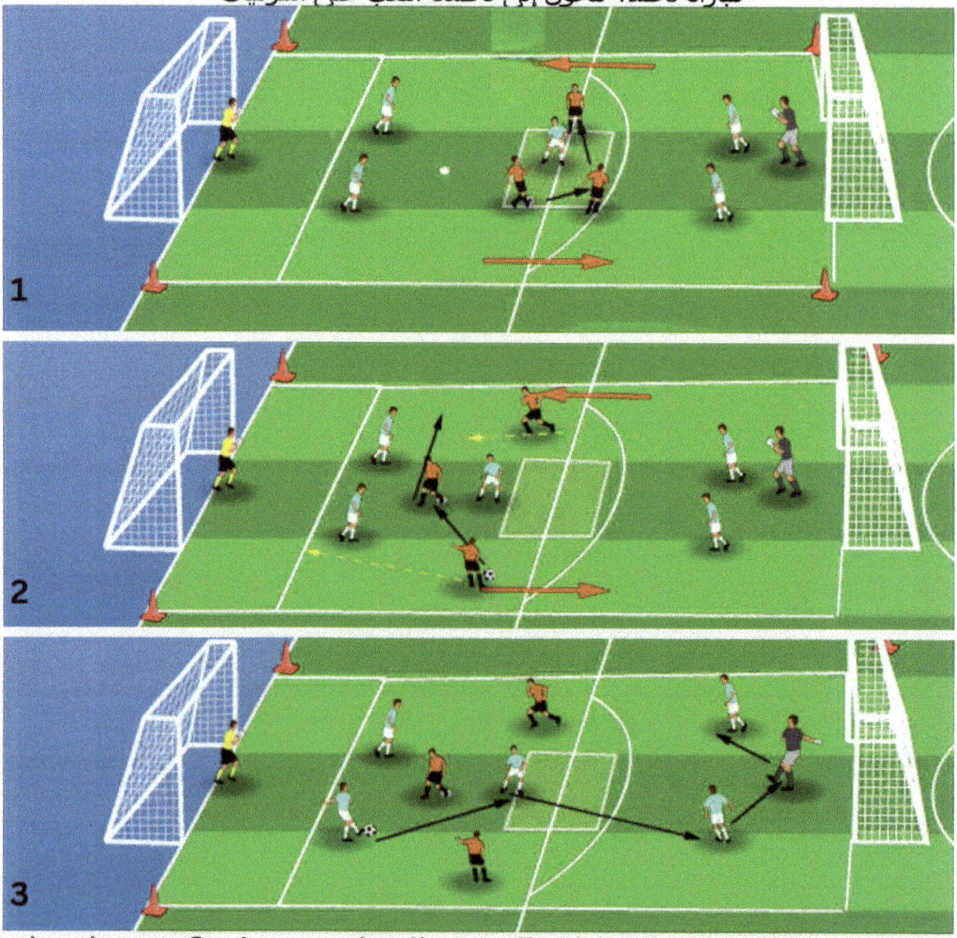

شرح التمرين: في المباراة, الفريق المهاجم يعمل 6 تمريرات ثم يتجه لأحد المرميين وإذا نجح في التسجيل يعود لمنطقة البداية إذا نجح الفريق المدافع باسترداد الكرة يقوم بالاحتفاظ بالكرة:

* يمرر عشر تمريرات متواليات ليحسب الهدف

الأهداف: تدريب التّحوّل من الهجوم للدفاع . تحمّل هوائي عالي الشدة.

النقاط التدريبية: التركيز الذهني العالي للتحول من الهجوم للدفاع .

التطويرات: يتجه الفريق المدافع بعد قطع الكرة للمرمى المعاكس للهجوم أو المعاكس لموقع وصول الكرة إليه.

احماء بالكرة بين زميلين ينتهي بضرب الكرة بالرأس قافزاً 10 د

مباراة التسجيل بالرأس 2ضد2 + 2 مساعدين لتجهيز الكرات 15د

مباراة 4ضد4 في ملعب عريض لعمل الكرات العرضية 20 د

مباراة 8ضد8 منطقة طرفية حرة - اللّعب على المرميات 20 د

بلانكس10 د

**ملاحظات
الأسبوع الثالث**

السرعة الهوائية القصوى (MAS)
أقل سرعة ركض يحدث عندها الاستغلال الأقصى للأكسجين VO2 MAX.
القوة الهوائية القصوى (MAP)
الذروة الأعلى لاستغلال الاكسجين والذي يمكن للشخص أن يحققها أثناء تأدية تمرين باستعمال مجموعة العضلات الكبيرة خلال بضع دقائق ويؤدى في الظروف الطبيعية على مستوى سطح البحر

أسبوع 3 - يوم 4 - التمرين رقم - 2
مباراة التسجيل بالرأس 2ضد2 + 2 مساعدين لتجهيز الكرات

شرح التمرين: في المباراة, 2ضد2 يتنافسون للتسجيل بالرأس بإضافة 2 مساند لكل فريق لتجهيز الكرات للرأس. يبدأ حارس المرمى اللّعب لرأس اللاعب الذي يعيدها له أو لزميله ثم ترسل للمساند لتجهيزها. نبدّل بين المساندين والضاربين بالرأس كل 2 دقيقة.

الأهداف: تدريب مهارة التسجيل بالرأس . تحمّل هوائي عالي الشدة.

النقاط التدريبية: عمل التقاطع بين اللّاعبين لتشتيت الدفاع. توقيت الارتقاء لضرب الكرة.

التطويرات: لزيادة الصعوبة, يجهز المساندة الكرة برأسه.

مصطلحات كرة القدم

القواعد التكتيكية الدفاعية (Defensive Tactical Principles)

تهدف هذه القواعد إلى منع الخصم من التسجيل واستعادة الكرة. يتطلب الدفاع الفعال التنظيم, الانضباط, والضغط المتواصل.

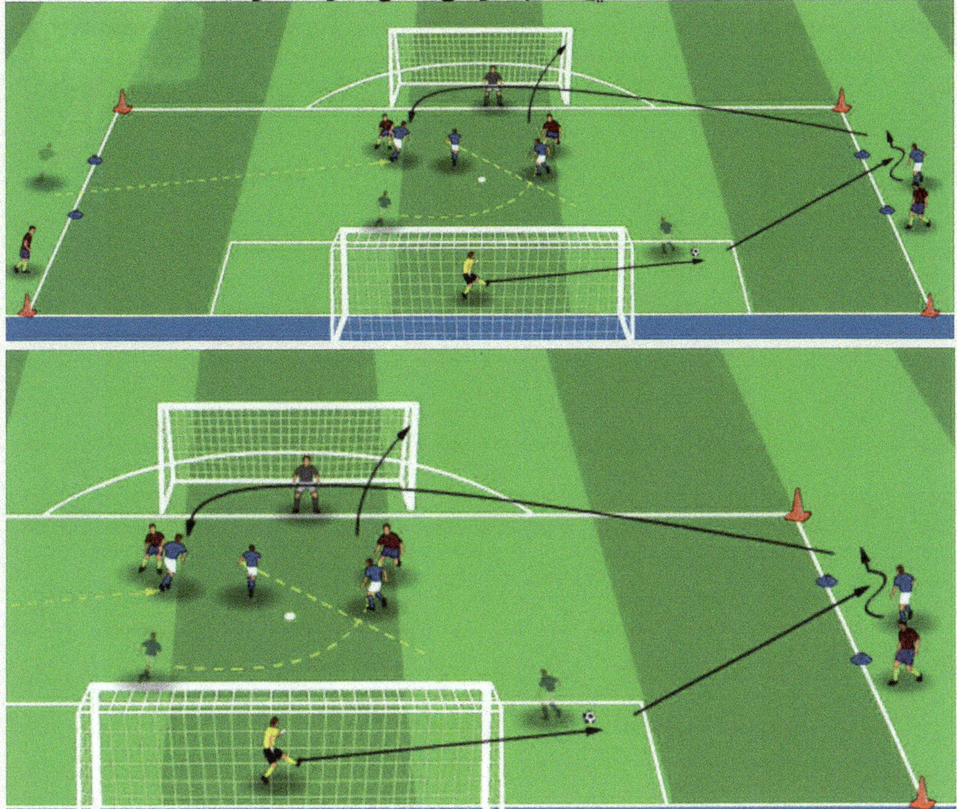

شرح التمرين: في المباراة, 4ضد4 في ملعب بمساحة منطقة الجزاء. في الداخل يلعب 2ضد2 وعلى الطرفين 2 لاعب لعمل الكرات العرضية. في أي وقت يقوم طرف بعمل كرة عرضية يشارك الطرف المعاكس في وضع 3ضد2. يبدأ الفريق الآخر بعدها الهجوم من حراسة مرماه.

الأهداف: تدريب مهارة التسجيل بالرأس . تحمّل هوائي عالي الشدة. الزيادة العددية الهجومية.

النقاط التدريبية: عمل التقاطع بين اللّاعبين لتشتيت الدفاع. توقيت الارتقاء لضرب الكرة. تركيز الطرف المعاكس للمشاركة الفاعلة.

التطويرات: لزيادة الصعوبة, يجب أن ينهى الهجوم بالرأس.

مباراة 8ضد8 منطقة طرفية حرة - اللّعب على المرميات

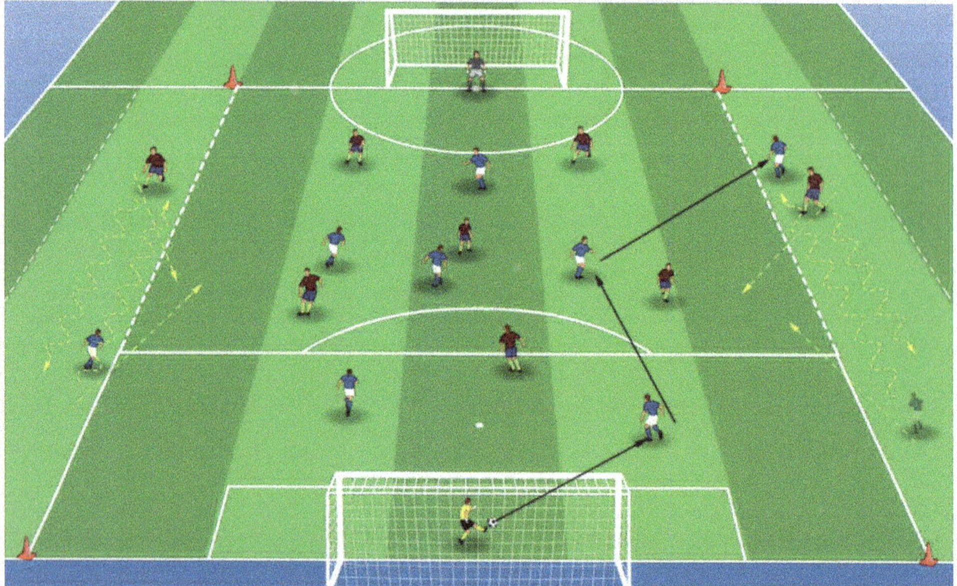

شرح التمرين: في هذه المباراة, 8ضد8 بوجود منطقتين طرفيتين ليسخدمه الأطراف بحرية. هذه المنطقة الحرة تسمح للّاعب بلعب كرة عرضية متقنة. مشاركة الطرف المعاكس في الكرات العرضية.

الأهداف: تدريب مهارة الكرات العرضية والتسجيل بالرأس . تحمّل هوائي عالي الشدة. الزيادة العددية الهجومية.

النقاط التدريبية: عمل التقاطع بين اللّاعين لتشتيت الدفاع. توقيت الارتقاء لضرب الكرة. تركيز الطرف المعاكس للمشاركة الفاعلة. استغلال الحرية في الطرف لعمل كرة عرضية متقنة.

التطويرات: إزالة المنطقة الطرفية وفتح الملعب ومراقبة عمل الأطراف في لعب الكرات العرضية بواقعية المباراة مع وجود ضغط الطرف المنافس.

الدفاع الفردي 1 ضد 1 رجل لرجل في لعبة إحماء 15 د

مباراة 1ضد1 و2ضد2 في ملعب صغير ومرميات صغيرة 10د

لعبة 6ضد6 في ربع ملعب – مباراة رجل لرجل 20 د

مباراة 11ضد11 ملعب كامل – تعزيز مختلف القواعد للأسبوع 30 د

تهدئة 10 د

ملاحظات الأسبوع الثالث

ثلاثي فوسفات الأدينوزين ATP
هو مصدر الطاقة للاستخدام والتخزين على المستوى الخلوي.

أحد أنظمة الطاقة الثلاثة نظام الطاقة اللّاهوائي لا لاكتيكي ATP-CP

نظام لا يعتمد على الأكسجين ولا ينتج حمض اللّاكتيت ومخزون طاقته مركبات الفوسفات التي تمكن العمل النشط جدا لفترة قصيرة جدا (20-5 ث)

الدفاع الفردي 1 ضد 1 رجل لرجل في لعبة إحماء

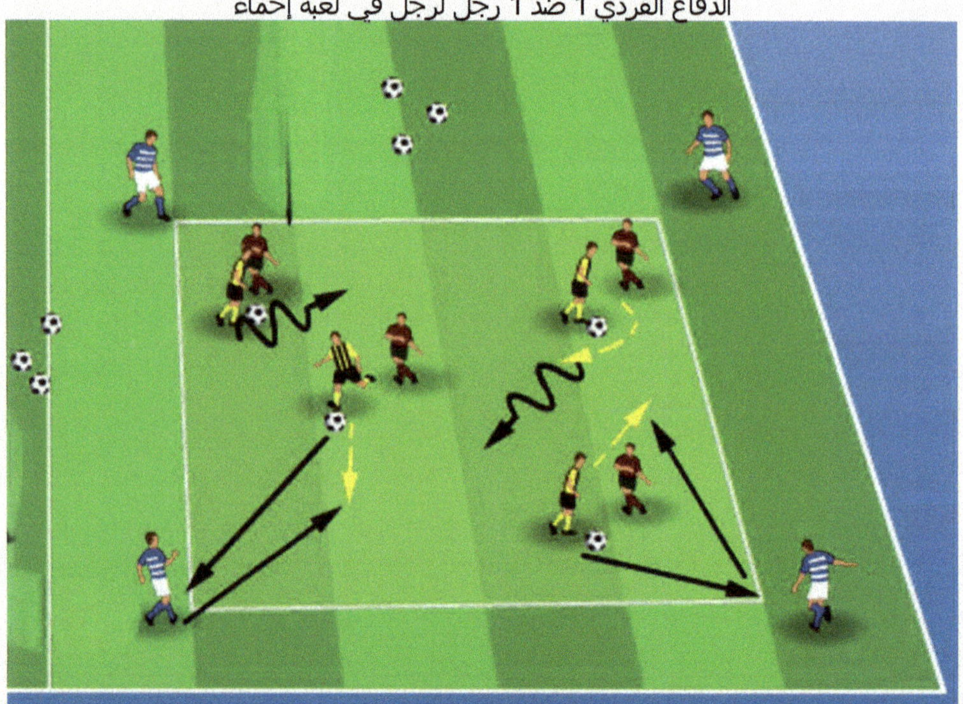

شرح التمرين: في هذا الاحماء, كل لاعب يتابعه مراقب. يقوم اللاعب بأداء مهارة تمرير واسناد مع لاعب الزاوية ويتابعه المراقب له ثم تُغير الحركات وتزاد صعوبتها حتى نصل في نهاية الاحماء إلى السماح للمراقب بالاستحواذ على الكرة. يتم تبادل الأدوار بعد 30 ث.

الأهداف: احماء مهاري بالكرة - الدفاع الفردي - تحمّل هوائي متدرّج إلى متوسط.

النقاط التدريبية: التدرج في المجهود حتى التعرّق. المراقب يتابع الكرة جيداً وليس التركيز على اللاعب فقط.

التطويرات: قبيل انتهاء الاحماء, نسمح في آخر دقيقة بالاستحواذ على الكرة واللعب مع لاعب الزاوية حتى انتهاء الوقت المحدّد بدقيقة.

مباراة 1ضد1 و2ضد2 في ملعب صغير ومرميات صغيرة

شرح التمرين: نبدأ هذه اللّعبة في وضع 1ضد1 ثم 2ضد2. لعبة أساسيات الدفاع والهجوم. مدة المباراة الفردية 30 ث والثنائية 1دقيقة.

الأهداف: الدفاع الفردي والثنائي- تحمّل هوائي عالي الشدة.

النقاط التدريبية: الاقتراب بميل والاستعداد على أطراف الأصابع.

التطويرات: نلعب باستمرار اللّعب لمدة 3 دقئق مع توفير كرات بديلة.

لعبة 6ضد6 في ربع ملعب – مباراة رجل لرجل

شرح التمرين: مباراة 6ضد6 رجل لرجل. كل لاعب مسؤول عن اللاعب المكلف به فقط ولا يحق له الاستحواذ على الكرة وهي في حوزة لاعب آخر. لاعب واحد فقط من كل فريق يدافع عن منطقة جزائه ضد أي لاعب يصل للمنطقة بعد التخلص من المراقب له.

الأهداف: الدفاع الفردي - تحمّل هوائي عالي الشدة.

النقاط التدريبية: التركيز العالي مع اللاعب المخصص ومحاولة استخلاص الكرة منه.

التطويرات: لاعب دفاع منطقة الجزاء يستطيع الهجوم حتى الوصول لدفاع منطقة جزاء المنافس في حال استخلاصه الكرة في منطقته.

شرح التمرين: مباراة مكتملة العدد 11ضد11 والمساحة في ملعب كامل. مباراة حرة بشروط قوانين كرة القدم.

الأهداف: مراقبة تطبيق ما تم التدرب عليه في الأسبوع الثالث.

النقاط التدريبية: الاستفادة من وضع المباراة لتطبيق مختلف القواعد التكتيكية والمهارات الفنية المكتسبة فيما سبق.

التطويرات: اجراء التغييرات اللازمة لمشاركة جميع اللاعبين في المباراة.

مصطلحات كرة القدم
القواعد التكتيكية الدفاعية (Defensive Tactical Principles)

2-الضغط (Pressing):

- الضغط العالي (High Press): الضغط على الخصم في مناطق متقدمة من الملعب فور فقدان الكرة لاستعادتها بسرعة بالقرب من مرمى الخصم.

- الضغط المتوسط (Mid-Block): السماح للخصم بالتقدم لمنتصف الملعب ثم البدء بالضغط لإجباره على ارتكاب الأخطاء.

- الضغط المنخفض (Low-Block/Deep Block): التكتل في منطقة الجزاء أو حولها والدفاع بأكبر عدد ممكن من اللاعبين, والاعتماد على الكرات الطويلة أو الهجمات المرتدة عند استعادة الكرة.

شرح التمرين: العب 11 ضد 11 مع مراعاة مشاهدة تطبيق جميع أهداف الأسبوع.

الأهداف: الدفاع الفردي 1 ضد 1. الحفاظ على الشكل. تدريب المدافعين على التعامل مع الكرات الطويلة. تدريب الانتقال من الدفاع إلى الهجوم والعكس. تدريب الانتقال من الهجوم إلى الدفاع. مهارة تسجيل الأهداف بالرأس.

النقاط التدريبية: جميع نقاط التدريب

التطويرات: اللعب الحر المستمر

مصطلحات كرة القدم
القواعد التكتيكية الدفاعية (Defensive Tactical Principles)

3-التضييق (Compacting the Space):

- تقليص المساحات: تحرك اللاعبين لتقليص المساحات بين الخطوط الدفاعية (الدفاع والوسط) لمنع الخصم من اللعب بينها.

- إغلاق زوايا التمرير: وضع اللاعبين بطريقة تمنع الخصم من إرسال تمريرات خطيرة.

احماء بالكرة 3ضد1 في مربع 7×7 د10

لعبة التسديد 4ضد4 ملعب شبه منحرف في منطقتي جزاء 20د

مباراة حرة 4ضد4 ملعب شبه منحرف في منطقتي جزاء 10د

مباراة التسديد في منطقتين منفصلتين 6ضد 6 في نصف ملعب 20د

مباراة حرة 6ضد6 في نصف ملعب محفوف الأطراف 10د

3 مجموعات تقوية بطن وظهر 10د

ملاحظات
الأسبوع الرابع

نظام الطاقة اللّاهوائي اللاكتيك يوفر الطاقة لنشاطات الشدة العالية دون الوصول للأقصى، ويستمر لمدة ثلاث دقائق تقريباً. ينتج حمض اللاكتيت ومصدر تصنيع ATP هو الجلوكوز

لعبة التسديد 4ضد4 ملعب شبه منحرف في منطقتي جزاء

شرح التمرين: في المباراة يتنافس فريقان 4ضد4 للتسديد على المرمى. ينقسم الفريق إلى 3 لاعبي التسديد ولاعب يضغط على مسددي الفريق المنافس ولا يحق له التسديد لكن يتابع الكرات المرتدة من المرمى للتسجيل منها. يبدأ اللّعب من حراسة المرمى. يبدّل الدور كل 3 دقائق.

الأهداف: تدريب مهارة التسديد على المرمى في وضع واقعي. تحمّل هوائي متوسط الشدة - تقوية عضلية بالتسديد.

النقاط التدريبية: التسديد في وضع الجسم الصحيح في اتجاه المرمى - التوقيت المناسب بعيدا عن صد لاعبي الفريق المنافس.

التطويرات: اللّاعب الرابع في نصف المنافس يجهز الكرات لزملائه.

مصطلحات كرة القدم

القواعد التكتيكية الدفاعية (Defensive Tactical Principles)

4-التوازن (Balance):
الاحتفاظ بالهيكل الدفاعي: حتى أثناء الهجوم، يجب أن يبقى عدد كافٍ من اللاعبين في الخلف لتأمين الدفاع ضد الهجمات المرتدة.

التبديل والتغطية: عندما يتقدم لاعب، يجب أن يتراجع لاعب آخر لتغطية مكانه.

لعبة التسديد 4ضد4 ملعب شبه منحرف في منطقتي جزاء

شرح التمرين: هذه المباراة تعتبر تطويرا للعبة التسديد حيث يكون اللّاعب حرا دون قيود لمنطقة معينة ويستطيع التسديد من أي مكان. وفيها أيضا تخفيف الضغط والشدة على اللاعبين بعد اللّعبة السابقة.

الأهداف: تحمّل هوائي منخفض الشدة.

النقاط التدريبية: استغل قربك من المرمى وسجل بوضع الكرة في زاوية.

التطويرات: اللّعب من لمستين على الكرة والتسجيل من لمسة واحدة.

مصطلحات كرة القدم

القواعد التكتيكية الدفاعية (Defensive Tactical Principles)

5-التحولات الدفاعية (Defensive Transitions):

- الانتقال السريع من الهجوم للدفاع (Counter-Pressing): فور فقدان الكرة، يجب على اللاعبين القريبين من حامل الكرة الضغط عليه فورًا لاستعادتها أو إبطاء هجمة الخصم.

- إعادة التنظيم (Re-organization): العودة السريعة للمراكز الدفاعية وإعادة بناء الشكل الدفاعي.

مباراة التسديد في منطقتين منفصلتين 6ضد 6 في نصف ملعب

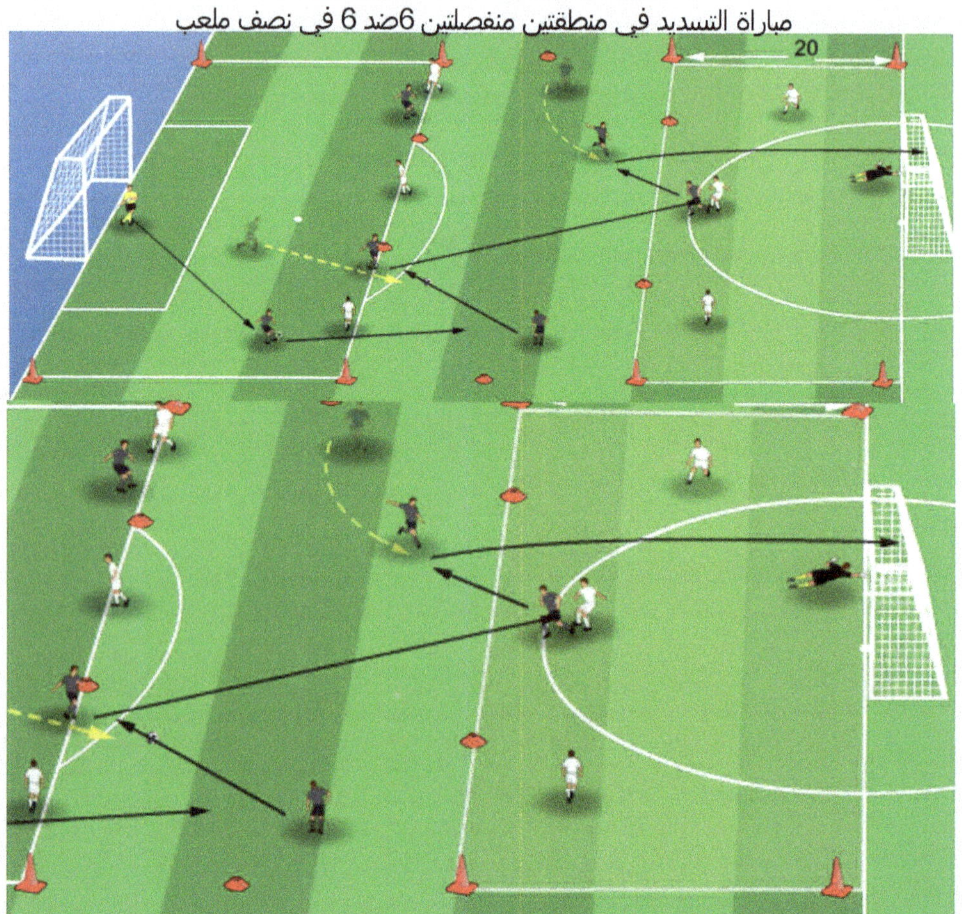

شرح التمرين: هذه المباراة تُلعب في نصف ملعب مقسم لثلاث مناطق. منطقة جزاء لكل فريق ومنطقة وسطى للتسديد. الفريق المهاجم يلعب بتشكيل 1-2-3 بينما الفريق المدافع يلعب بتشكيل 3-0-3 ولا يسمح للمدافعين من كل فريق بالخروج من منطقة الجزاء. فقط 2 لاعب وسط في المنطقة الوسطى للعب والاستعداد للتسجيل.

الأهداف: التسديد على المرمى بواقعية. تحمّل هوائي عالي الشدة.

النقاط التدريبية: في المنطقة الوسطى يكون دور لاعب الوسط يساعد في اعداد الكرات حتى تصل للمهاجم الذي يجهزها للتسديد للاعب الوسط الآخر.

التطويرات: يحق للمهاجم الدوران بعد الاستلام للتسديد.

مباراة حرة6ضد6 في نصف ملعب محفوف الأطراف

شرح التمرين: هذه المباراة تُلعب في أقل من نصف ملعب. فيها تخفيف الحمل عن المباراة السابقة واعطاء حرية للاعبين للتسجيل من أي مكان.

الأهداف: تحمّل هوائي متوسط الشدة.

النقاط التدريبية: في منطقة قريبة من المرمى, يتم وضع الكرة في زاوية بعيدة عن حراسة المرمى بدل من التسديد بقوة وبدون تركيز.

التطويرات: اللّعب من لمستين على الكرة والتسجيل من لمسة واحدة.

مصطلحات كرة القدم

القواعد التكتيكية الهجومية (Offensive Tactical Principles)
القواعد التكتيكية الدفاعية (Defensive Tactical Principles)

تذكر أن هذه القواعد ليست جامدة، بل تتفاعل وتتغير باستمرار خلال المباراة بناءً على الظروف، الخصم، وفلسفة المدرب. الفرق الناجحة هي التي تُتقن تطبيق هذه القواعد بمرونة وذكاء.

لعبة احماء4ضد2 في مربع 8×8   10د

لعبة استحواذ 5ضد5 في ملعب 20×20   10د

مباراة خط 5ضد5 في ملعب 40×20 مقسم لجزءين 15د

مباراة البناء تحت الضغط 5ضد5 في ربع ملعب 20د

مباراة 7ضد7 في نصف ملعب – تطبيق البناء 30د

القفز فوق الأقماع ثم سرعة قصوى 10م5د

**ملاحظات
الأسبوع الرابع**

نظام الطاقة الهوائي يسمح بإنتاج النشاطات التي تستمر طويلاً. شدته القصوى تحددها القوة الهوائية القصوى أو الاستهلاك الأقصى للأكسجين أو السرعة الهوائية القصوى. يستخدم هذا النظام الجلوكوز والدهون وجزءًا من الأحماض الأمينية مع الأكسجين كركائز. ومن نواتجه حمض اللاكتيك والماء وغاز ثاني أكسيد الكربون.

لعبة استحواذ 5ضد5 في ملعب 20×20

شرح التمرين: هذه اللّعبة اكمالاً للاحماء وتجهيزا للتمرين التالي. 4ضد4 للمحافظة على الكرة. لعبة مستمرة على شوطين لكل منهما 5 دقائق.

الأهداف: تحمّل هوائي متوسط الشدة. الاحتفاظ بالكرة أطول فترة ممكنة.

النقاط التدريبية: دقة التمرير والتحرك لايجاد الحلول للزميل يساعدان على الاحتفاظ بالكرة.

التطويرات: اللّعب من لمستين على الكرة.

مصطلحات كرة القدم

أساليب اللعب في كرة القدم وأشهر المدربين الذين يستخدمونها

تتطور أساليب اللعب في كرة القدم باستمرار، لكن هناك بعض الأساليب الأساسية التي شكلت تاريخ اللعبة ولا تزال تؤثر في طريقة لعب الفرق اليوم.

مباراة خط 5ضد5 في ملعب 40×20 مقسم لجزءين

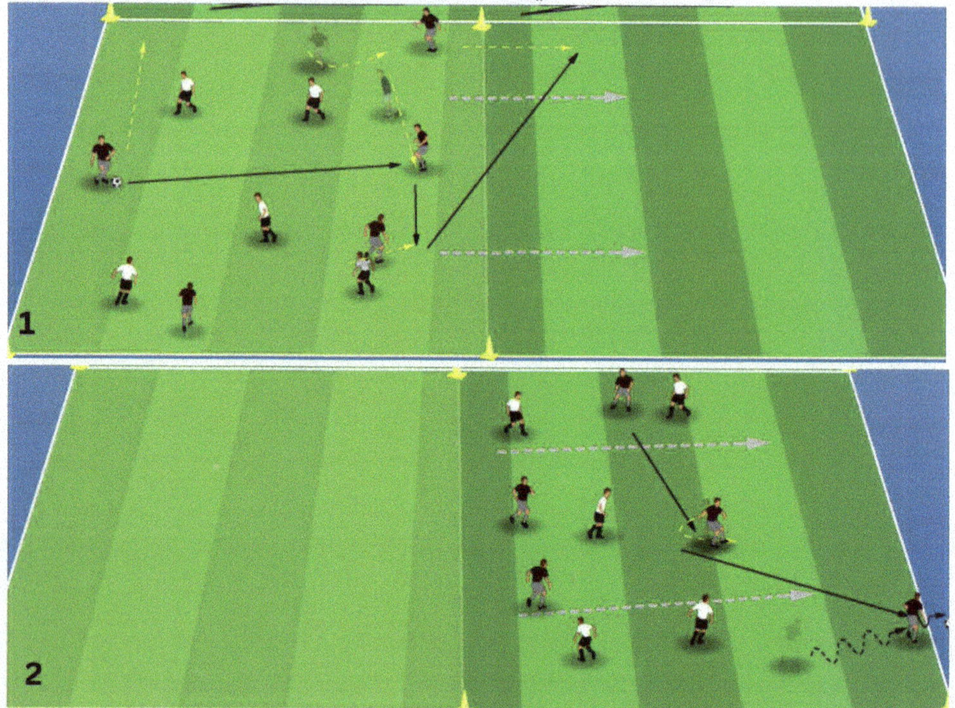

شرح التمرين: هذه اللّعبة اكمالاً للّعبة السابقة والتي منها يمكن اقتراح عدد التمريرات في هذه اللّعبة التي ينتقل الفريق بعدها للنّصف الآخر والتسجيل بتثبيت الكرة خلف خط الفريق المنافس.

الأهداف: تحمّل هوائي عالي الشدة - الاحتفاظ بالكرة بهدف اختراق صفوف المنافس.

النقاط التدريبية: دقة التمرير والتحرك لايجاد الحلول للزميل يساعدان على الاحتفاظ بالكرة واختراق صفوف المنافس.

التطويرات: اللّعب من لمستين على الكرة. الفريق الذي يسجل يتجه للنهاية الأخرى وهكذا يستمر اللّعب.

مباراة البناء تحت الضغط 5ضد5 في ربع ملعب

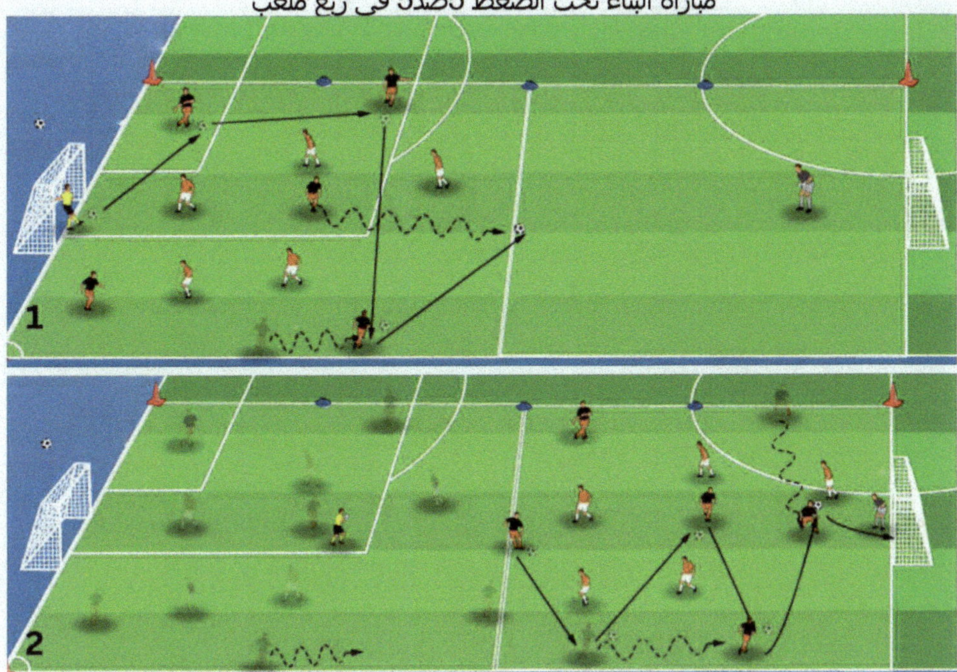

شرح التمرين: مباراة 6ضد6 في ربع ملعب بهدف البناء تحت الضغط. فريق البناء يبدأ في ملعبه مع حرية الفريق المنافس في تواجد جميع لاعبيه في ملعب فريق البناء. كل فريق يبدأ الهجوم من حراسة مرماه مع تواجد لاعبي الفريق المدافع.

الأهداف: تحمّل هوائي متوسط الشدة -اختراق صفوف المنافس.

النقاط التدريبية: دقة التمرير والتحرك لايجاد الحلول للزميل يساعدان على اختراق صفوف المنافس.

التطويرات: اللّعب من لمستين على الكرة.

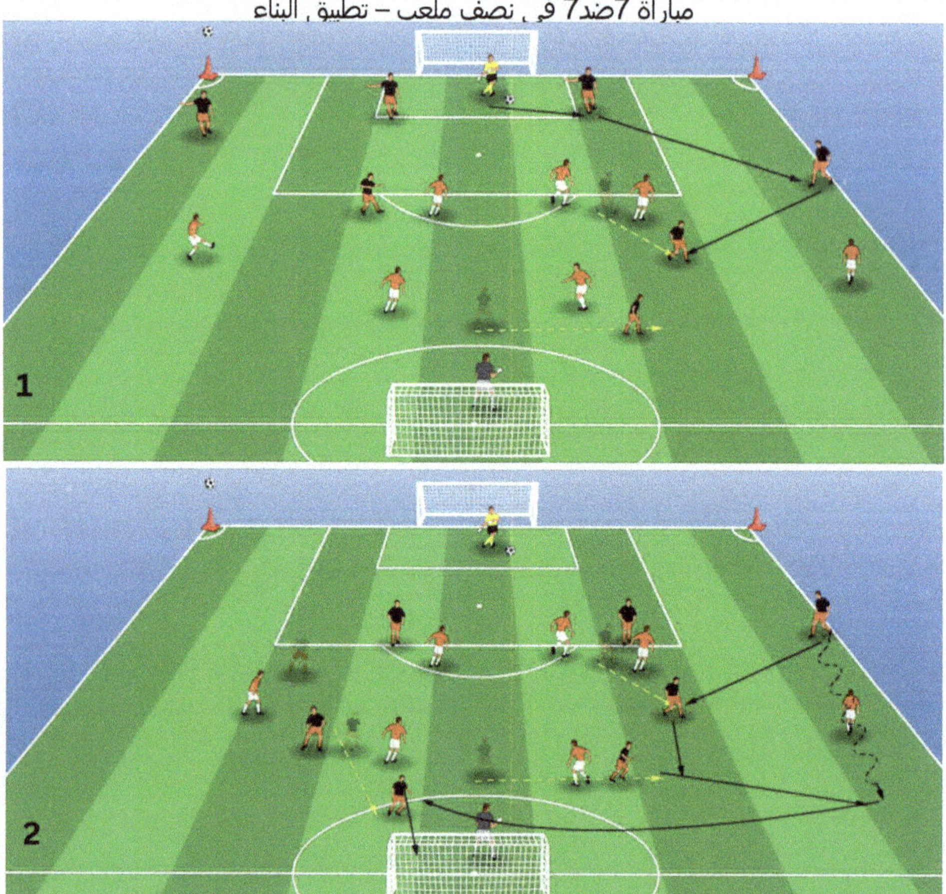

شرح التمرين: مباراة 7ضد7 في نصف ملعب بهدف تطبيق البناء تحت الضغط. مباراة اعتيادية يلخص فيها اللّاعبون مهارات البناء في هذه الوحدة التدريبية. فريق البناء يلعب بتشكيل 4-2-1 ويلعب في قسم المرمى الرئيسي. تُبدّل الأدوار في الشوط الثاني.

الأهداف: تحمّل هوائي متوسط الشدة - البناء تحت الضغط -اختراق صفوف المنافس.

النقاط التدريبية: دقة التمرير والتحرك لايجاد الحلول للزميل يساعدان على اختراق صفوف المنافس. تحرك اللّاعب الثالث لمقابلة الكرات العرضية بأكثر عدد ممكن في منطقة التسجيل.

التطويرات: اللّعب من لمستين على الكرة. عدم تخصيص فريق للبناء. الفريقان يبدءان الهجوم في كل مرة في دور فريق البناء.

احماء بالكرة بين زميلين – تحكم وتحرك وتمرير 10د

مباراة التمرير 1ضد1 لغرض عمل التوافق بالرجلين أثناء التمرير 5د

مباراة خط 5ضد5 المهاجم كلاعب هدف 15د

مباراة المهاجم كلاعب هدف 5ضد5 في ربع ملعب 20د (تطبيق التكتيك)

مباراة 9ضد9 في ثلاثة أرباع الملعب – تطبيق حركية العمق ودور المهاجم 30د

بلانكس 10د

ملاحظات الأسبوع الرابع

معدل ضربات القلب الاحتياطي هو الفرق بين ضربات القلب القصوى وضربات القلب وقت الراحة

ضربات القلب الاحتياطي = ضربات القلب القصوى – ضربات قلب الراحة

مباراة التمرير 1ضد1 لغرض عمل التوافق بالرجلين أثناء التمرير

شرح التمرين: في هذا التمرين، لعبة 1ضد1 يمرّر فيها 2 لاعب الكرة بينهما من لمسة واحدة مع حركة الرجلين المستمرة. اللاعب الذي يلمس الكرة لمستين أو يخطئ في التمرير يخسر نقطة لصالح زميله. مدة كل فترة 30 د والراحة 30 د.

الأهداف: تحمّل هوائي متوسط الشدة - تدريب التوافق.

النقاط التدريبية: حركة مستمرة للرجلين والتبديل المؤقت لرجل التمرير. ثقل التمرير. التنوع في استخدام الرجلين.

التطويرات: تنافس جميع اللّاعبين في اللّعب لأطول فترة ممكنة.

مصطلحات كرة القدم

أساليب اللعب في كرة القدم وأشهر المدربين الذين يستخدمونها

1-الاستحواذ (Possession-Based Football)

الوصف: يركز هذا الأسلوب على الاحتفاظ بالكرة لأطول فترة ممكنة، من خلال التمريرات القصيرة والدقيقة، والتحرك المستمر للاعبين بدون كرة لخلق زوايا تمرير. الهدف ليس فقط الاحتفاظ بالكرة من أجل الاحتفاظ، بل إرهاق الخصم، سحب لاعبيه من مراكزهم، وخلق مساحات للاختراق والتسجيل. يعتمد بشكل كبير على المهارة الفنية العالية للاعبين وقدرتهم على اتخاذ القرار السريع تحت الضغط.

أشهر المدربين الذين استخدموه:

- بيب جوارديولا (Pep Guardiola): هو أيقونة هذا الأسلوب بامتياز، خاصة مع برشلونة (فترة التيكي تاكا) وبايرن ميونيخ ومانشستر سيتي. فرق جوارديولا تُعرف بالسيطرة المطلقة على الكرة، والضغط العالي لاستعادتها فور فقدانها.

شرح التمرين: في هذه اللّعبة، يقوم المهاجم بدور اللّاعب الهدف. يكون التمرير الكرة الأولى له ويتحرك للأمام للاستلام ثم يمررها لأحد الطرفين لاستكمال الهجوم ووضع الكرة بعد خط المنافس.

الأهداف: تحمّل هوائي عالي الشدة - تدريب السرعة.

النقاط التدريبية:توقيت تحرّك المهاجم للاستلام - موقع الطرفين المناسب لاستلام الكرة في المكان الفارغ في الطرف - تحرك الجميع بسرعة للأمام.

التطويرات: بعد تسجيل الهدف يستغل الفريق المدافع تواجد لاعبي الفريق المهاجم في ملعبه واللّعب بسرعة كهجوم مرتد.

شرح التمرين: في هذا التمرين، يتدرب 5 من اللاعبين على إيصال الكرة للمهاجم الذي يقوم بدور اللّاعب الهدف. فريق الهجوم يتكون من 2 لاعب وسط و3 مهاجمين. في كل هجمة, يمرر لاعب الوسط للهجوم الذي يتحرك للأمام يتبعه أحد المدافعين المراقبين له. بمجرد استلامه للكرة يدور ويمررها لأحد طرفي الهجوم. الطرف الذي تصله الكرة يحاول عمل كرة عرضية لزملائه المتقدمين أو ينهي الهجوم.

الأهداف: تحمّل هوائي متوسط الشدة - تدريب تكتيك المهاجم كلاعب هدف.

النقاط التدريبية: تنويع اللَعب لطرفي الهجوم. الانتباه للثغرة الأكبر التي تنشأ من متابعة المدافع للمهاجم حال تحركه للاستلام. اللّعب في المساحة الفارغة أمام الجناح.

التطويرات: اللّعب باستمرارية ويسجل الفريق المدافع في مرميين صغيرين حال استحواذه على الكرة.

مباراة 9ضد9 في ثلاثة أرباع الملعب – تطبيق حركية العمق ودور المهاجم

شرح التمرين: في مباراة 9ضد9, يلعب الفريق المهاجم بتشكيل 4-2-3 حيث يكون المهاجم في دور لاعب هدف. وللأجنحة حرية التحرك للأمام في المساحات التي يفرغها حركة المدافعين للأمام.

الأهداف: تحمّل هوائي عالي الشدة - تدريب تكتيك المهاجم كلاعب هدف في مباراة واقعية.

النقاط التدريبية:تنويع اللَعب لطرفي الهجوم. الانتباه للثغرة الأكبر التي تنشأ من متابعة المدافع للمهاجم حال تحركه للاستلام. اللّعب في المساحة الفارغة أمام الجناح. التـأكيد على مشاركة الجناح الآخر في منطقة التسجيل من الكرات العرضية.

التطويرات: الهدف المسجل من التكتيك المطلوب من المهاجم والجناحين يحتسب بهدفين.

احماء بالكرة 4 لاعبين في ملعب 6×12-تحرك وتمرير 10د

لعبة تأخير اللّعب 2ضد2 في ملعب 6×12 5د

مباراة التحول للدفاع وتأخير اللّعب 3ضد2 ثم 2ضد1 15د

مباراة التّحوّل الدفاعي وتأخير اللّعب - 5ضد5 في نصف ملعب محفوف 40×55 20د (تطبيق التكتيك)

مباراة 8ضد8 +2 في ثلاثة أرباع الملعب – تطبيق تأخير اللّعب أثناء التّحوّل الدفاعي 30د

4 مجموعات بطن وظهر 10د

ملاحظات
الأسبوع الرابع

معدل ضربات القلب القصوى ثابت ولحسابه بشكل دقيق وبهامش تذبذب أقل نستخدم المعادلة:

ن. ق. أقصى = 207 – (0.7 × العمر)

وهي للاعب عمره 20 عاما

= 193 ن / د

حيث أنها بالطريقة القديمة كانت

= 220 - العمر

=200 ن / د

لعبة تأخير اللّعب 2ضد2 فى ملعب 6×12

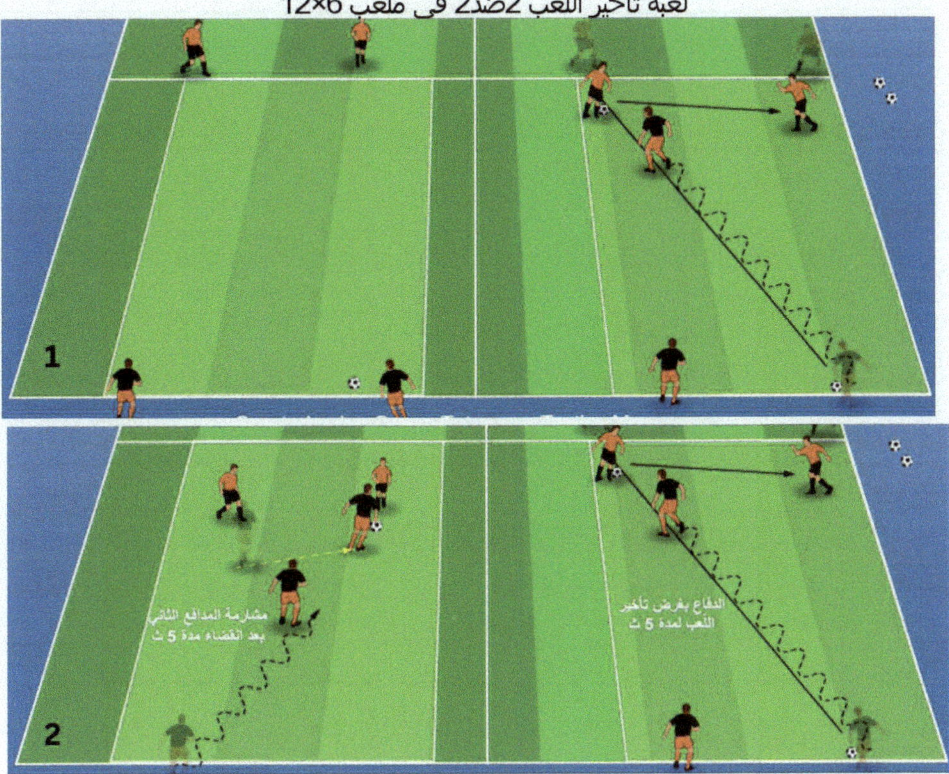

شرح التمرين: في ملعب مستطيل 6×12 في كل نهاية 2 لاعب. فريق مدافع يمرر الكرة لفريق مهاجم ثم يتقدم المدافع الذي مرّر الكرة ليضغط على المهاجم بهدف تأخير اللّعب لمدة 3-5 ث. بعد ذلك يتقدم المدافع الآخر لتغطية زميله الذي يقوم بالتأخير. يستمر اللّعب لمدة 30 ث بعدها يأتي دور المدافع الثاني ثم يتم تبديل الأدوار بين المهاجمين والمدافعين.

الأهداف: تحمّل هوائي عالي الشدة - تدريب تكتيك تأخير اللّعب.

النقاط التدريبية: الاقتراب بزاوية وعدم الاندفاع. تأخير تقدم المهاجم لأطول فترة ممكنة يسمح بتنظيم الدفاع ووصول المساند.

التطويرات: اللّعب لمدة 1 دقيقة مستمرة 2ضد2 ويكون هدف الفريق المدافع عدم وصول الفريق المهاجم لخط النهاية.

مباراة التحول للدفاع وتأخير اللّعب 3ضد2 ثم 2ضد1

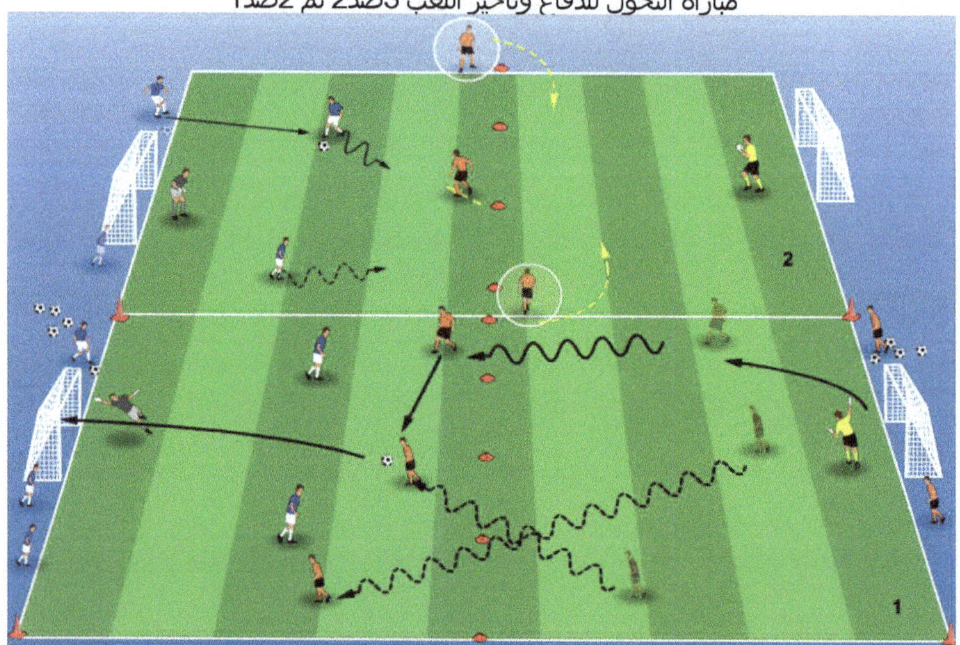

شرح التمرين: في ملعب مستطيل 40×20, يبدأ الفريق المهاجم من حراسة مرماه في وضع 3ضد2. في حالة انهاء الهجوم أو خسارة الكرة يبقى المتسبب في ذلك من الفريق المهاجم في وضع 1ضد2 ويحاول تأخير اللّعب لمدة 3-5 ث ويمكن بعدها لزميليه العودة للّعب لمساندته دفاعياً. ثم يبدأ 3 مهاجمين آخرين هجوما جديداً.

الأهداف: التحوّل الدفاعي - تحمّل هوائي عالي الشدة - تدريب تكتيك تأخير اللّعب.

النقاط التدريبية: التحوّل الذهني السريع من الهجوم للدفاع من اللّاعب الذي أنهى الهجوم أو خسر الكرة. الاقتراب بزاوية وعدم الاندفاع. تأخير تقدم المهاجم لأطول فترة ممكنة يسمح بعودة المساند.

التطويرات: اللّعب لمدة 2 دقيقة مستمرة بنفس النظام بحيث يعاود نفس المهاجمين البدء في وضع 3ضد2.

مباراة التّحوّل الدفاعي وتأخير اللّعب - 5ضد5 في نصف ملعب محفوف 40×55

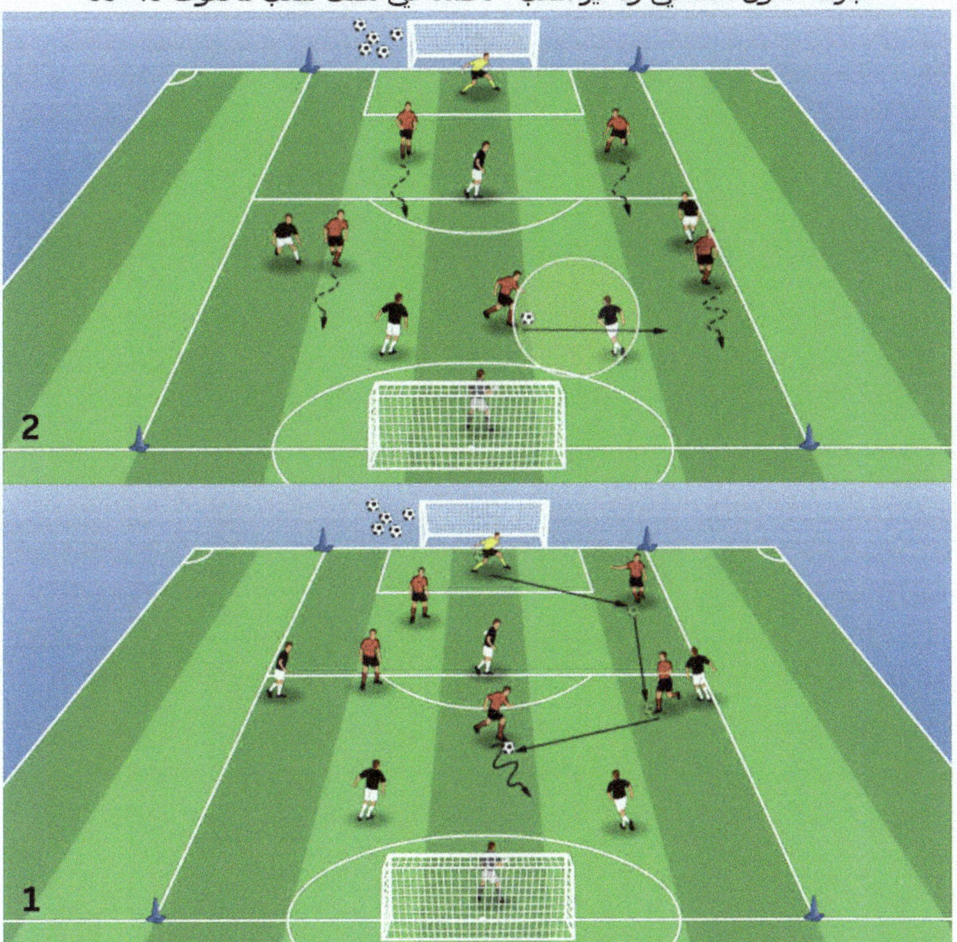

شرح التمرين: في نصف ملعب محفوف الأطراف، يلعب 5ضد5 مباراة اعتيادية على أن يقوم المهاجم الذي يخسر الكرة في ملعب الفريق المدافع, يقوم بتأخير اللّعب ليتمكن زملاؤه من العودة وترتيب الدفاع. الفريقان يلعبان بنفس المبدأ في حالة الهجوم.

الأهداف: التحوّل الدفاعي - تحمّل هوائي عالي الشدة - تدريب تكتيك تأخير اللّعب.

النقاط التدريبية: التحوّل الذهني السريع من الهجوم للدفاع من اللّاعب الذي أنهى الهجوم أو خسر الكرة. تأخير تقدم الهجوم المعاكس لأطول فترة ممكنة حتى عودة المساند.

التطويرات: اللّعب من لمستين على الكرة والتسجيل من لمسة واحدة.

مباراة 8ضد8 +2 في ثلاثة أرباع الملعب – تطبيق تأخير اللّعب أثناء التّحوّل الدفاعي

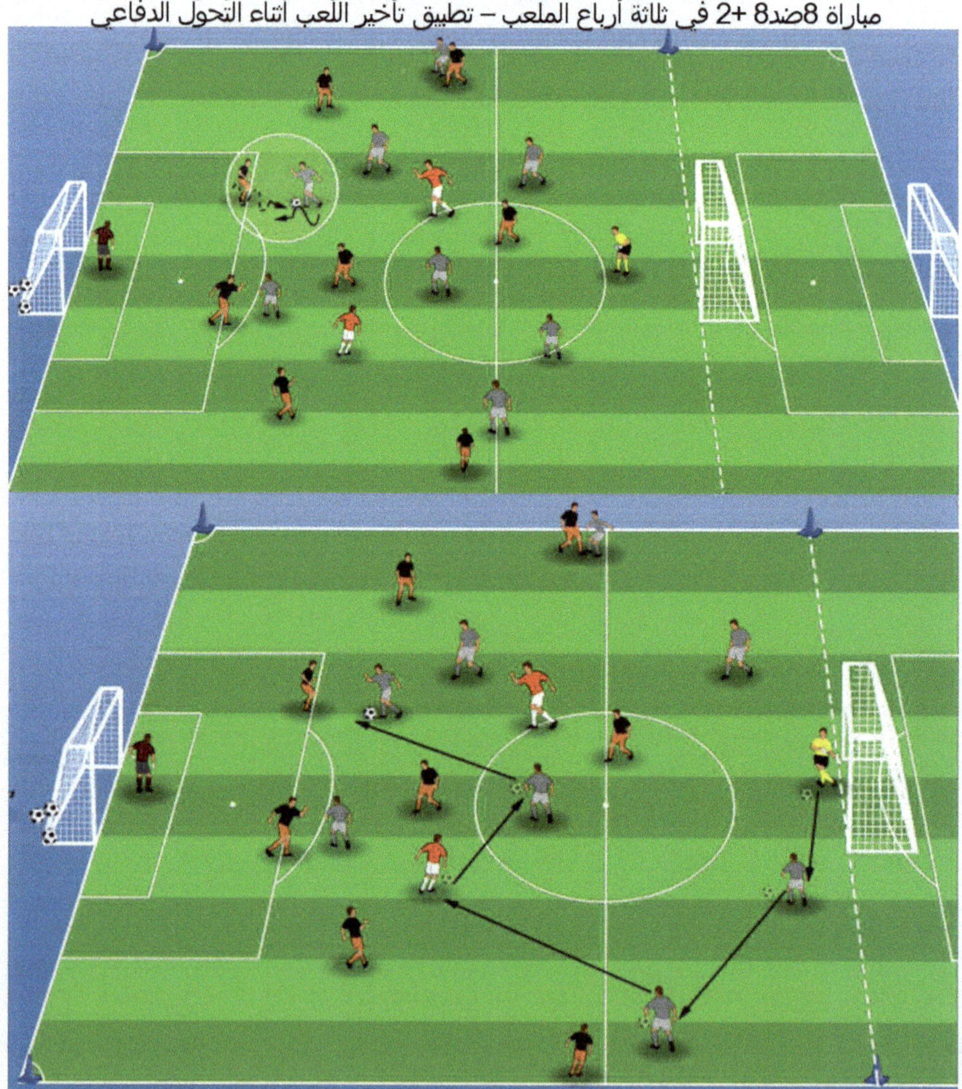

شرح التمرين: في 4/3 ملعب، مباراة 8ضد8 + 2 مساندين. الفريق المهاجم يلعب في وضع 10ضد8 وبمجرد خسارة الكرة يصبح في نقص عددي يتطلب منه تأخير اللّعب وعودة لاعبيه للتنظيم الدفاعي.

الأهداف: التحوّل الدفاعي - تحمّل هوائي عالي الشدة - تدريب تكتيك تأخير اللّعب.

النقاط التدريبية: التحوّل الذهني السريع من الهجوم للدفاع.

التطويرات: اللّعب آخر خمس دقائق يكون المساندان دفاعيان فقط.

إحماء بين زميلين تحكم وتمرير وجري بالكرة 10د

تعاون الهجوم والتحوّل الدفاعي 3ضد2 20 د

الهجوم 2ضد2 و بعد انهاء الهجوم يلمس اللاعب القائم 10د

بناء هجوم وتحول عند خسارة الكرة 4ضد3 20د

مباراة 6ضد6 – مراقبة انهاء الهجوم وخسارة الكرة 20د

8 سرعات قصيرة لكل لاعب براحة تامة قبل كل سرعة 5 د

ملاحظات الأسبوع الرابع

بافتراض أن معدل ضربات قلب رياضي (20 سنة) وقت الراحة هو 55 ن/د فيكون معدل ضربات الاحتياطي= الأقصى - الراحة

= 193 – 55

= 138 ن/د

الجدير ذكره أنّ هذا الرقم كلما كان مرتفعا كان مؤشراً جيداً على الحالة اللّياقية الجيدة للشخص.

تعاون الهجوم والتحوّل الدفاعي 3ضد2

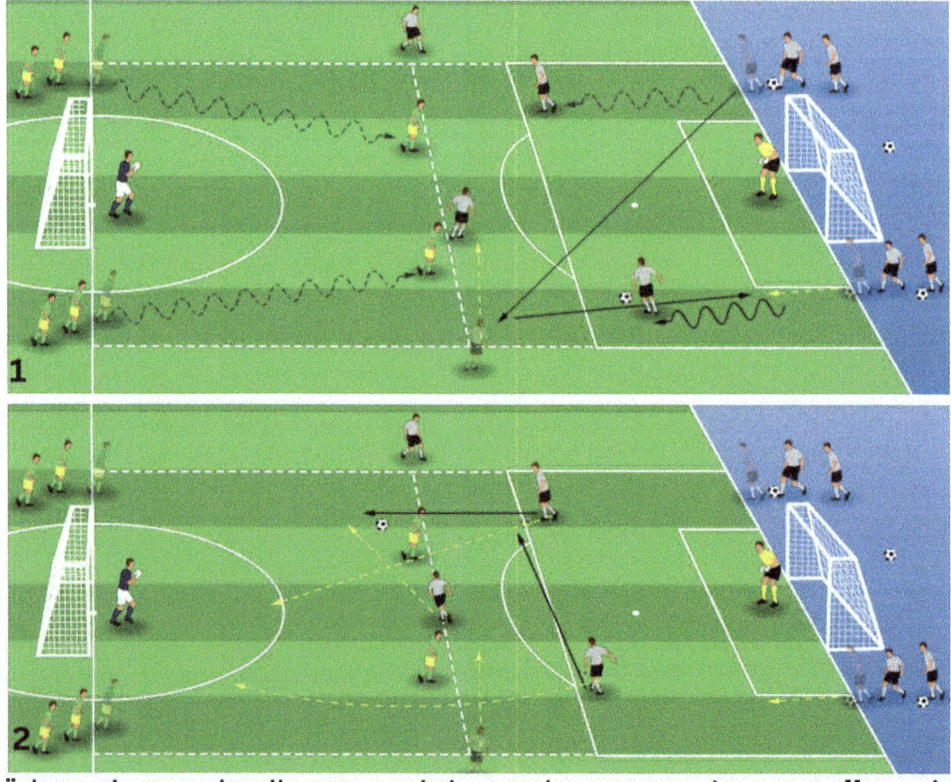

شرح التمرين: في نصف ملعب طولا, يترتب المهاجمون في نهاية والمدافعون في النهاية الأخرى بشكل ثنائي. في منتصف الملعب، جناحان يشارك منهما واحد كل مرة مع الفريق المهاجم بالتناوب.

الأهداف: التحوّل الدفاعي - تحمّل هوائي متوسط الشدة.

النقاط التدريبية: التحوّل الذهني السريع من الهجوم للدفاع.

التطويرات: اللّعب لمدة 2 دقيقة مستمرة بنفس النظام في وضع 3ضد2.

الهجوم 2ضد2 و بعد انهاء الهجوم يلمس اللاعب القائم

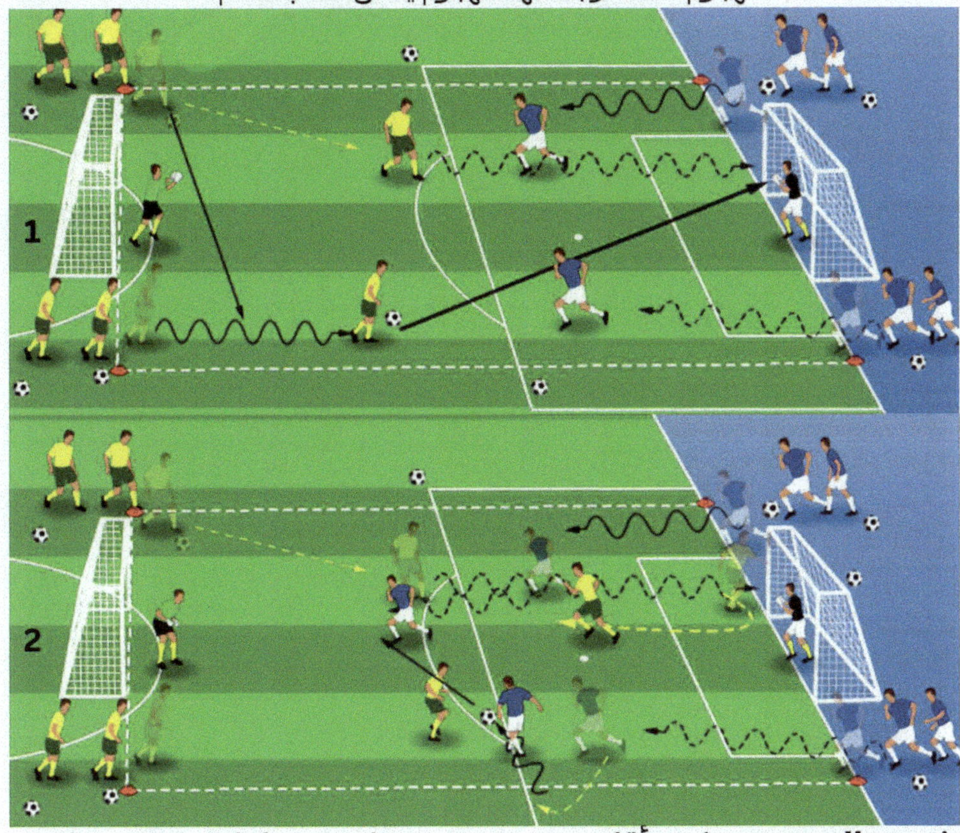

شرح التمرين: في أقل من نصف ملعب طولا, يترتب لاعبو الفريقين في أزواج على جانبي المرمى. يبدأ 2 لاعب الهجوم ويقابلهما 2 لاعب دفاع. بعد انهاء الهجوم يجري لاعب من الفريق المهاجم ليلمس قائم المرمى ثم يعود للدفاع مع زميله. أول مدافعين يحتاجان لتمويل كرة الهجوم المرتد ثم تستمر العملية دون توقف.

الأهداف: التحوّل الدفاعي - تحمّل هوائي عالي الشدة.

النقاط التدريبية: التحوّل الذهني السريع من الهجوم للدفاع.

التطويرات: تحتاج اللّعبة لمجهود بدني عالي. المدرب يقرر وقت الراحة بما يراه يساعد على العودة للعب بالطاقة القصوى.

بناء هجوم وتحول عند خسارة الكرة 4ضد3

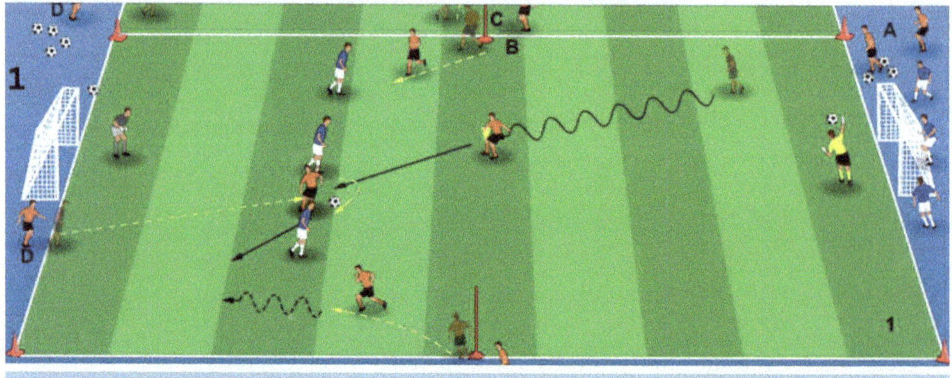

شرح التمرين: في ربع ملعب, يشارك 4 لاعبي هجوم من 4 مواقع في منطقة اللّعب ABCD. الحارس يموّل الكرة للاعب A ويدخل لاعبي BCD ليكونوا الوضع 4ضد3. الهدف التسجيل وفي حالة خسارة الكرة يتحول الجميع للدفاع عن المرمى. ويبدأ هجوما آخر من الجهة المقابلة عند D. المدافعون جاهزون دائما خلف المرمى للدخول مع بدء انشاء الهجوم.

الأهداف: التحوّل الدفاعي - تحمّل هوائي عالي الشدة. إنشاء لعب هجومي جماعي.

النقاط التدريبية: التحوّل الذهني السريع من الهجوم للدفاع. المحافظة على الكرة باتخاذ القرار الأفضل.

التطويرات: عند انشاء هجوم في جهة, يستمر الهجوم كمباراة لمدة 1 دقيقة يخللها التحولات.

مباراة 6ضد6 – مراقبة انهاء الهجوم وخسارة الكرة

شرح التمرين: في نصف ملعب طولا وعرض منطقة الجزاء, يلعب 6ضد6 مباراة حرة يراقب فيها المدرب جماعية العمل الهجومي والتحوّل الدفاعي.

الأهداف: التحوّل الدفاعي - تحمّل هوائي عالي الشدة. إنشاء لعب هجومي جماعي.

النقاط التدريبية: التحوّل الذهني السريع من الهجوم للدفاع. المحافظة على الكرة باتخاذ القرار الأفضل.

التطويرات: اللّعب كامل الملعب 11ضد11 مع مراقبة جماعية العمل الهجومي والتحوّل الدفاعي.

مصطلحات كرة القدم
أساليب اللعب في كرة القدم وأشهر المدربين الذين يستخدمونها

2-الضغط العالي (High Pressing / Gegenpressing)
الوصف: يعتمد هذا الأسلوب على الضغط المكثف والمنظم على الخصم في مناطقه المتقدمة (غالباً في النصف الهجومي من الملعب) فور فقدان الكرة. الهدف هو استعادة الكرة في أقرب نقطة ممكنة من مرمى الخصم، ومنعه من بناء الهجمات بشكل مريح، مما يخلق فرصًا سريعة للتسجيل. يتطلب لياقة بدنية عالية، تنسيقًا جماعيًا، وشجاعة من اللاعبين.
أشهر المدربين الذين استخدموه:

- يورجن كلوب (Jürgen Klopp): يُعتبر "عراب" أسلوب "الجينجين بريسينج" (Gegenpressing) أو الضغط المضاد، والذي طبقه بنجاح باهر مع بوروسيا دورتموند وليفربول.

شرح التمرين: العب 11 ضد 11 مع مراعاة مشاهدة تطبيق جميع أهداف الأسبوع.

الأهداف: التحوّل الدفاعي - تأخير اللّعب - تكتيك المهاجم كلاعب هدف - البناء تحت الضغط - اختراق صفوف المنافس - الاحتفاظ بالكرة بهدف اختراق صفوف المنافس -

النقاط التدريبية: جميع نقاط التدريب

التطويرات: اللعب الحر المستمر

مصطلحات كرة القدم
أساليب اللعب في كرة القدم وأشهر المدربين الذين يستخدمونها

3- الهجمات المرتدة (Counter-Attacking)

الوصف: يركز هذا الأسلوب على الدفاع المنظم والعميق في مناطق الفريق، ثم شن هجمات سريعة ومباغتة فور استعادة الكرة. يعتمد على سرعة اللاعبين في الانتقال من الدفاع إلى الهجوم، ودقة التمريرات الطويلة أو البينية لاستغلال المساحات التي يتركها الخصم في الخلف أثناء تقدمه للهجوم.
أشهر المدربين الذين استخدموه:

• جوزيه مورينيو (José Mourinho): اشتهر بتكتيكاته الدفاعية المحكمة والهجمات المرتدة القاتلة، خاصة مع بورتو وتشيلسي وإنتر ميلان. فرق مورينيو غالبًا ما تكون صلبة دفاعيًا وتجيد استغلال أنصاف الفرص.

احماء بين زميلين بالكرة ينتهي بكرات طويلة بينهما 10 د

تمرين احمائي دوراني ينتهي بكرة عرضية-5ضد3 10د

ايصال الكرة للنهاية واستردادها 4ضد4 20 د

البناء من الخلف - إخراج الظهيرين-7ضد4 20د

الانتشار وإعادة التنظيم 7 ضد7 - الظهير الحر 20د

3 مجموعات بطن وظهر ومجموعة تضم القفز عالياً 5د

ملاحظات الأسبوع الخامس

حساب الشدة المستهدفة:
لو فرضنا تصميم تمرين بشدة 80%
فكم يكون النبض المستهدف بافتراض نبض الراحة 55 ن/د؟
= ن.راحة + (ن.احتياط × النسبة)
=55 + (80%×138)
=165.4 ن/د
بالطريقة التقليدية = (220 – 20) × النسبة المستهدفة
= 80%×200
= 160 ن/د

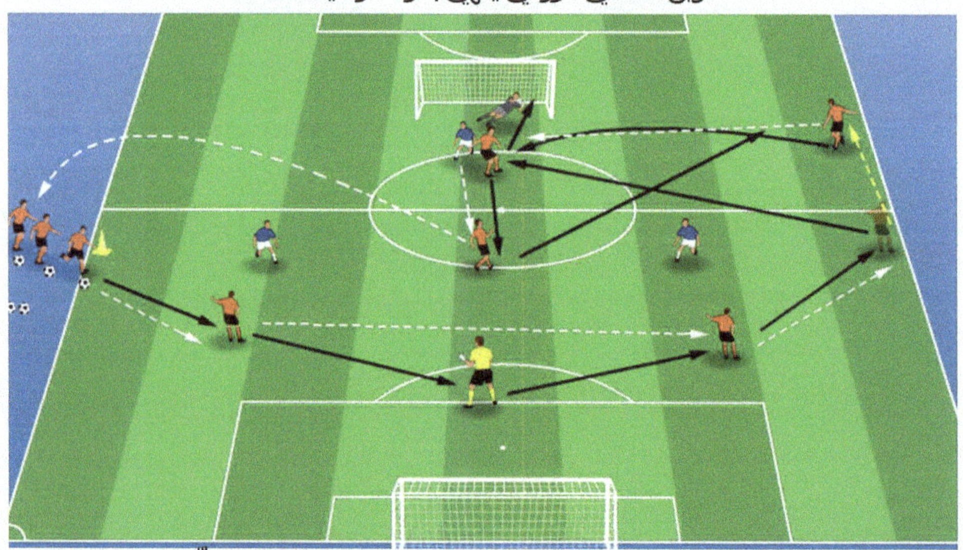

شرح التمرين: في نصف ملعب وبالترتيب الموضح للّاعبين المكوّن من رباعي الدفاع وحراسة المرمى ومهاجم والوسط المهاجم. يمرّر اللّاعب الكرة من أحد الطرفين (يمين - يسار) للمدافع ثم لحراسة المرمى ويستمر التمرير حتى تجهّز للوسط المهاجم الذي يوصلها للظهير المتقدم ليلعبها كرة عرضية للمهاجم وبمشاركة الوسط المهاجم. يكون الدوران بأخذ المكان الذي تمرّر إليه عدا حارس المرمى فهو ثابت.

الأهداف: احماء بألعاب لمجموعة من اللّاعبين - تحمّل هوائي منخفض الشدة. إنشاء لعب هجومي جماعي.

النقاط التدريبية: دقة التمرير وثقله وتوقيت التحرك - وجود المدافعين لاعطاء واقعية أكثر للتمرين.

التطويرات: تثبيت مجموعة من اللّاعبين لتوظيف التمرين في تدريب كل لاعب في مركزه ودوره في الفريق.

ايصال الكرة للنهاية واستردادها 4ضد4

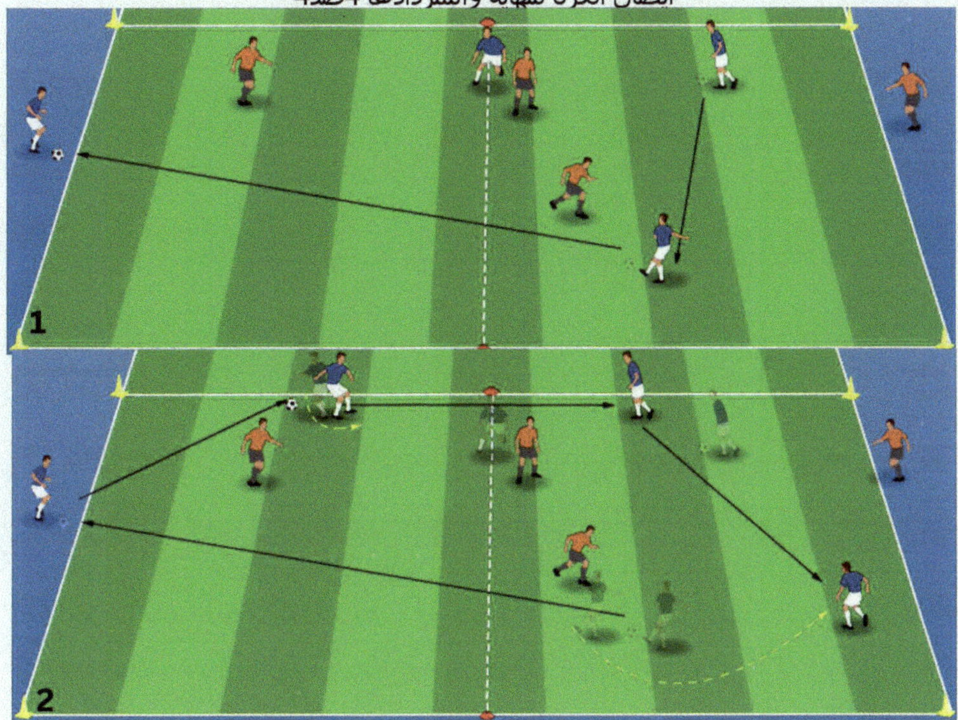

شرح التمرين: في مساحة لعب 24×12, يلعب 4ضد4 بهدف ايصال الكرة لزميلهم في نهاية ملعب المنافس. ينقسم الفريق إلى 3 لاعبين في الداخل ولاعب نهاية. عندما تصل الكرة للاعب النهاية عليه ارجاعها لأحد لاعبي فريقه المستحوذ ليعيد ترتيب المجموعة ويحاول ايصالها للاعب النهاية من جديد. الفريق المدافع حال الاستحواذ على الكرة يقوم بنفس الدور. يتغيّر لاعب النهاية كل 3 دقائق.

الأهداف: تحمّل هوائي عالي الشدة. الانتشار لإنشاء لعب هجومي جماعي وإعادة الانتشار.

النقاط التدريبية: دقة التمرير وثقله وتوقيت التحرك - تحرك لاعب النهاية ليكوّن زاوية تمرير مناسبة.

التطويرات: تحديد عدد من التمريرات المتتالية للفريق المستحوذ قبل اياصل الكرة للاعب النهاية.

البناء من الخلف - إخراج الظهيرين-7ضد4

شرح التمرين: في نصف ملعب محدّد بعرض منطقة الجزاء, فريق البناء مكون من 7 لاعبين بتشكيل 4-3 ويهدف لاخراج الظهيرين للتسجيل في مرميين جانبيين في طرفي نصف الملعب. الفريق المدافع يتكون من 4 لاعبين ويحق للاعب واحد فقط الضغط على المدافعين الذين يحاولان ايصال الكرة لأحد الظهيرين. 3 من لاعبي الفريق المدافع يتواجدون خلف منتصف مساحة اللّعب ويحق للاعب واحد مضايقة الظهير في وضع 1ضد1 ومنعه من التسجيل. في حال الاستحواذ على الكرة, يتحول الفريق المدافع للهجوم والتسجيل في المرمى الرئيس في وضع 4ضد4.

الأهداف: تحمّل هوائي عالي الشدة. الانتشار لإنشاء لعب هجومي جماعي وإعادة الانتشار.

النقاط التدريبية: دقة التمرير وثقله وتوقيت التحرك. في أي لحظة يكون طريق الظهير مغلقا, يحوّل البناء للجهة الأخرى واخراج الظهير الآخر.

التطويرات: اكمال عدد الفريق المدافع لـ 7 لاعبين واللّعب 7ضد7 بكامل عرض الملعب دون تحديد مناطق لحركة الظهيرين.

الانتشار وإعادة التنظيم 7ضد7 - الظهير الحر

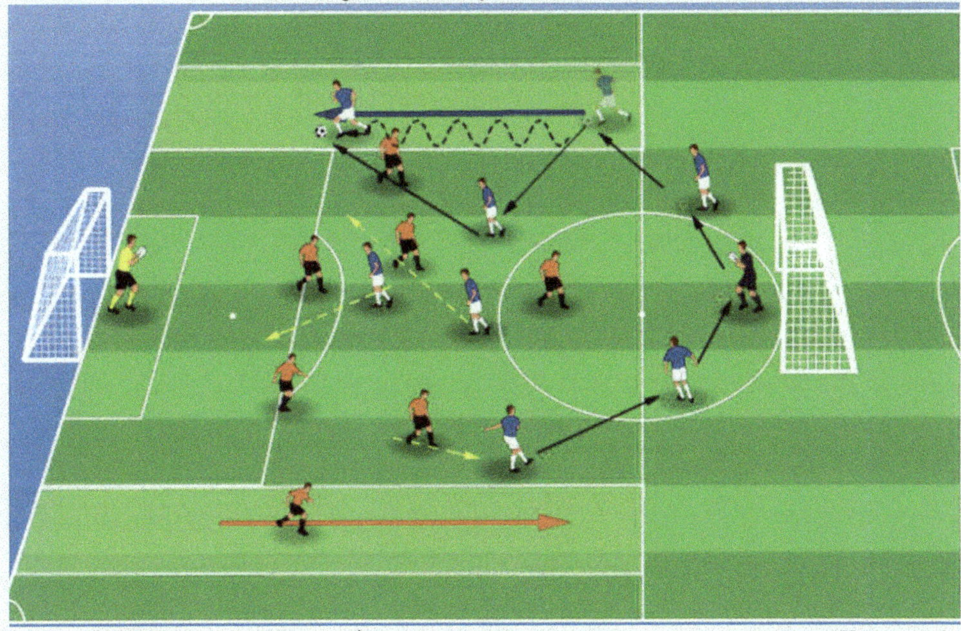

شرح التمرين: في نصف ملعب محدّد بعرض منطقة جزاء وشريطين جانبيين لحركة الظهيرين, يلعب فريقان 7ضد7 مباراة اعتيادية بهدف التسجيل في المرميين. لكل فريق شريط أيمن في الشوط الأول وشريط أيسر في الشوط الثاني. هذان الشريطان يستخدمهما الظهيران بحرية في الحركة وعمل كرات عرضية للاعبي فريقه المشاركين في منطقة الجزاء. في أي وقت يكون اللّعب غير ممكن في الجهة التي لا يوجد فيها شريط يعكس اللّعب ويعاد ترتيب الفريق للاتجاه للظهير الآخر الذي يتحرك في الشريط الحر.

الأهداف: تحمّل هوائي متوسط الشدة - الانتشار وإعادة الانتشار.

النقاط التدريبية: دقة التمرير وثقله وتوقيت التحرك. في أي لحظة يكون طريق الظهير مغلقا, يحوّل البناء للجهة الأخرى واخراج الظهير الآخر.

التطويرات: اللّعب 7ضد7 بكامل عرض الملعب دون تحديد مناطق لحركة الظهيرين.

احماء4ضد2 في مربع 8×8   10 د

الضغط عالياً 8ضد8 – التسجيل بإيصال الكرة ليد حارس المرمى10د

استخلاص الكرة في الثلث الهجومي -4ضد4 مرميان وحراسة مرمى 20 د

الضغط عالياً 4ضد3 من الجهتين 20د

استخلاص الكرة في الثلث الهجومي-خاص بثلاثي الهجوم ومحور الوسط 20د

3 مجموعات بلانكس 5 د

ملاحظات الأسبوع الخامس

أنواع السرعة

الرشاقة:

مقدرة اللاعب على تأدية أفعال سريعة في أمتار قليلة مع تغيير الاتجاه بسرعة.

القدرة على الحفاظ على حركية القدمين ، والإيقاع ، وتكرار حركة الذراع والساق أمور ضرورية للرشاقة.

عادة ما تستخدم تمرينات الرشاقة في يوم التنشيط الذي يسبق المباراة

الضغط عالياً 8ضد8 – التسجيل بإيصال الكرة ليد حارس المرمى

شرح التمرين: في ربع ملعب ومحدّد به منطقتان لحراسة المرمى, يلعب 8ضد8 مباراة لاستخلاص الكرة من أقرب نقطة لحراسة المرمى ثم ايصالها ليده ليحتسب الهدف. الفريق المهاجم يبدأ دائما من حارس مرماه و إذا تخلص من الضغط وسنحت له الفرصة لإيصالها ليد حارس مرمى الفريق المدافع يحتسب له هدفا. يمكن للمدرب تعيين بداية الكرة في حال انحصر اللّعب في وسط الملعب أو خرجت الكرة.

الأهداف: تحمّل هوائي عالي الشدة. الضغط العالي.

النقاط التدريبية: دقة التمرير وثقله وتوقيت التحرك. استغل أي لحظة تكون فرصة إيصال الكرة لحراسة المرمى وإن كان بكرة طويلة.

التطويرات: الكرات التي تصل ليد حارس المرمى ويفشل في الامساك بها تحتسب بهدفين.

مصطلحات كرة القدم
أساليب اللعب في كرة القدم وأشهر المدربين الذين يستخدمونها

4. الكاتيناتشو (Catenaccio)
الوصف: كلمة إيطالية تعني "القفل الكبير" أو "المزلاج". هو أسلوب دفاعي بحت, نشأ في إيطاليا, يهدف إلى إحكام إغلاق المنافذ أمام الخصم ومنعه من التسجيل بأي ثمن, وغالباً ما يعتمد على لاعب "ليبرو" (قشاش) خلف خط الدفاع. تطور هذا الأسلوب وأصبح أقل دفاعية في شكله الحديث, ولكنه لا يزال يرتكز على الصلابة الدفاعية.

أشهر المدربين الذين استخدموه:

- **هيلينيو هيريرا (Helenio Herrera):** يُعد الأب الروحي للكاتيناتشو بشكله الشهير مع إنتر ميلان في الستينيات, حيث حقق نجاحات كبيرة بالاعتماد على الدفاع الحديدي والهجمات المرتدة.
- **نيريو روكو (Nereo Rocco):** مدرب إيطالي آخر ارتبط بتطوير وتطبيق هذا الأسلوب مع نادي ميلان.

استخلاص الكرة في الثلث الهجومي -4ضد4 مرميان وحراسة مرمى

شرح التمرين: في مساحة لعب لمنطقتي جزاء، يلعب 4ضد4 بمرميان كبيران وحراس مرمى مباراة لاستخلاص الكرة من أقرب نقطة من المرمى لعكس الهجوم والتسجيل. يبدأ الفريق المهاجم من حارس المرمى ويكون لاعبو الفريق الضاغط خارج منطقة الجزاء ثم يبدأ الضغط لاستخلاص الكرة. إذا نجح المهاجمون في التخلص من الضغط يسجلوا في المرمى.

الأهداف: تحمّل هوائي عالي الشدة. الضغط العالي. البناء تحت الضغط.

النقاط التدريبية: تعيين مهاجم الفريق المدافع كلاعب هدف وبمجرد استخلاص الكرة تلعب له. التحول الذهني السريع من الدفاع للهجوم.

التطويرات: لمستان للّاعب على الكرة والتسجيل من لمسة واحدة. العب لمدة 5 دقائق بحرية.

الضغط عالياً 4ضد3 من الجهتين

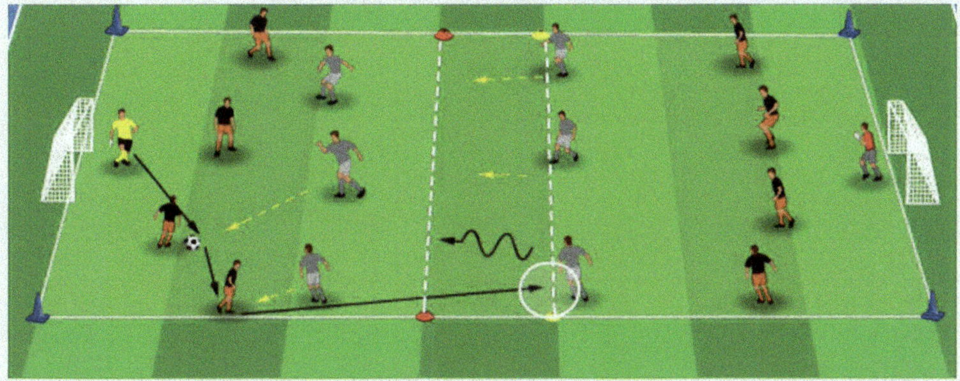

شرح التمرين: في مساحة لعب 35×50 مقسمة لـ 3 مناطق, منطقتي لعب بينهما فاصل 5 م. يبدأ الفريق المهاجم من حارس المرمى في وضع 4ضد3 بهدف ايصال الكرة لزملائه الأربعة في منطقة اللّعب الأخرى. الفريق المدافع بـ 3 لاعبين في كل منطقة لعب, وفي حال نجح في الاستحواذ على الكرة يقوم بهجوم مرتد على المرمى الذي بدأ اللّعب في وضع 6ضد4. الفريق المهاجم يدير الكرة من جهة لأخرى والفريق المدافع يحاول الاستحواذ والتسجيل.

الأهداف: تحمّل هوائي عالي الشدة. الضغط العالي. البناء تحت الضغط.

النقاط التدريبية: تعيين أحد لاعبي الفريق المدافع كلاعب هدف وبمجرد استخلاص الكرة تلعب له. التحول الذهني السريع من الدفاع للهجوم.

التطويرات: لمستان للّاعب على الكرة والتسجيل من لمسة واحدة. العب لمدة 5 دقائق بحرية. عدد معين من التمريرات يجريها فريق البناء في منطقته قبل نقلها لزملائه في المنطقة الأخرى.

استخلاص الكرة في الثلث الهجومي-خاص بثلاثي الهجوم ومحور الوسط

شرح التمرين: حول منطقة الجزاء في مستطيلين أحدهما في الداخل. قلبي الدفاع على بداية المستطيل الكبير وعلى جانبيه الظهيرين وفي النهاية الأخرى 2 لاعب وسط. في المستطيل الصغير 4 لاعبين من الفريق المدافع, 3 مهاجمين والوسط المهاجم وفقط لاعب من الفريق المهاجم,. إذا نجح الفريق المهاجم في اجتياز لاعبي المستطيل الداخلي يخرج أحد الظهيرين لعمل كرة عرضية تنتهي بالتسجيل وبمشاركة الظهير المقابل. في حال نجح الفريق المدافع في الاسحواذ يعكس الهجوم في وضع 4ضد3 ولا يحق للظهيرين المساندة الدفاعية. اللّعب يبدأ دائما من حراسة مرمى الفريق المهاجم.

الأهداف: تحمّل هوائي عالي الشدة. الضغط العالي. البناء تحت الضغط.

النقاط التدريبية: أغلق طريق الكرة وخيار التمرير. تحول سريعا للهجوم قبل أن يعيد الدفاع الترتيب. استخدم خيار التسديد.

التطويرات: اللّعب في حدود المساحة المتاحة مباراة 7ضد6.

لعبة احماء 5ضد2 لاعب الداخل يتبادل المركز مع الخارج – 10 د

احماء وتبادل مراكز الوسط والهجوم – 15 د

تبادل المراكز في الهجوم في وضع مباراة 6ضد6 - 30 د

مباراة 8ضد8 – تطبيق تبادل المراكز في الهجوم - 30 د

10 سرعات قصيرة لكل لاعب – 5 د

ملاحظات الأسبوع الخامس

التوافق العضلي العصبي:
القدرة على أداء الأفعال بدون تكلّف في مواقف يمكن التنبؤ بها (تلقائية) أو غير متوقعة (تكيّف) ، وسرعة تعلم الحركات عند سرعة معينة

تحمّل سرعة
القدرة على الحفاظ على العدو بسرعة قصوى تقريبًا لفترة طويلة من الوقت

لعبة احماء 5ضد2 لاعب الداخل يتبادل المركز مع الخارج

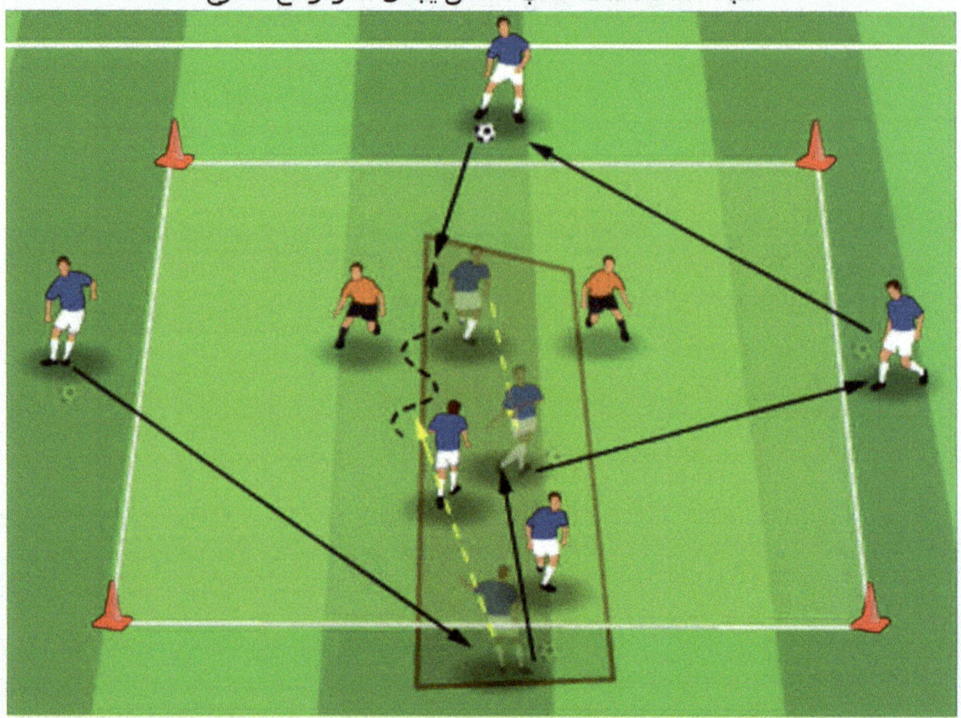

شرح التمرين: في مربع 10×10, نلعب 5ضد2. 4 لاعبين من الفريق المهاجم حول أضلاع المربع ولاعب خامس داخل المربع. الفريق المدافع يتكون من 2 لاعب داخل المربع. يمرّر الفريق المهاجم الكرة بين لاعبيه بمشاركة اللاعب الخامس في الداخل ثم يأخذ قرار بالتبادل مع أحد زملائه في الخارج وبدون توقف اللّعب. يستبدل لاعبا الدفاع كل 2 د.

الأهداف: تحمّل هوائي متوسط الشدة - التواصل بلغة الجسد - قراءة اللّعب - تبادل المراكز و الأدوار.

النقاط التدريبية: وزع النظر بلمحات على الكرة وزملائك لتختار الأنسب للتبادل. ادخل إلى الداخل بفاعلية واطلب الكرة.

التطويرات: لاعب الداخل يلعب من لمسة واحدة ولمستان للاعب الخارج.

احماء وتبادل مراكز الوسط والهجوم

شرح التمرين: في نصف ملعب, يترتب الفريق بنظام 4-3-3 كما في الشكل. الأجنحة تعمل اصطفاف عند أقصى اليمين وأقصى اليسار. يبدأ أحد المدافعين الكرة للظهير ثم للجناح الذي يجهزها للاعب الوسط في جهته, يجهزها له في الطرف ويأخذ هو مكان الوسط للداخل للمشاركة في الكرة العرضية الذي سيقوم بها لاعب الوسط. يشارك أيضاً في كل هجمة المهاجم والجناح المقابل. ثم نبدأ هجوماً آخر من الجهة الأخرى.

الأهداف: تحمّل هوائي متوسط الشدة - تبادل المراكز و الأدوار.

النقاط التدريبية: توقيت التمرير مع توقيت التحرك لأخذ المركز والتبادل.

التطويرات: نجري تغيير بين الوسط والأجنحة ثم نبدأ الهجوم يميناً وشمالاً.

مصطلحات كرة القدم

أساليب اللعب في كرة القدم وأشهر المدربين الذين يستخدمونها

5- الكرة الشاملة (Total Football)

الوصف: فلسفة هولندية ثورية تهدف إلى أن يكون كل لاعب في الفريق قادرًا على اللعب في أي مركز آخر (عدا حارس المرمى)، وأن يتبادل اللاعبون المراكز باستمرار لخلق التفوق العددي في مناطق مختلفة من الملعب. يتطلب هذا الأسلوب فهمًا تكتيكيًا عاليًا ولياقة بدنية ممتازة وذكاءً كرويًا.

أشهر المدربين الذين استخدموه:

رينوس ميشيلز (Rinus Michels): يُعتبر مخترع ومطور الكرة الشاملة مع أياكس أمستردام ومنتخب هولندا في السبعينيات.

يوهان كرويف (Johan Cruyff): الذي كان لاعبًا بارزًا تحت قيادة ميشيلز، طبق وطوّر هذا الأسلوب كمدرب.

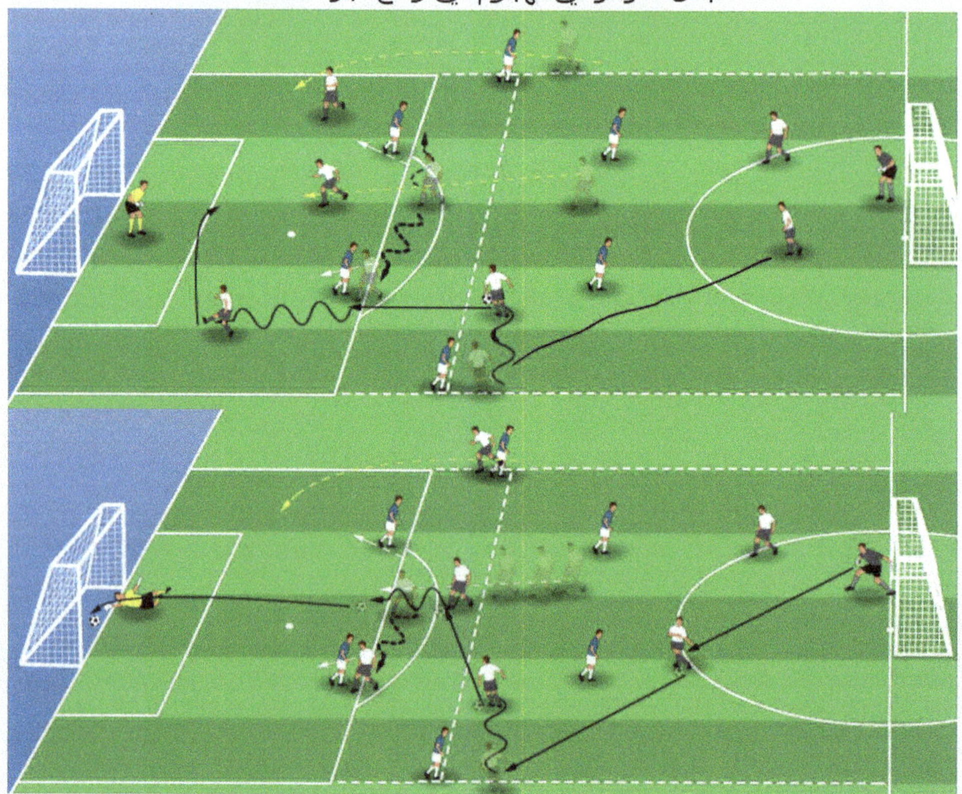

شرح التمرين: في نصف ملعب, يترتب الفريق المهاجم بنظام 2-1-3. يقوم الجناح بالدخول للداخل عند وصول الكرة إليه. يتحرك المهاجم للطرف لاستلام الكرة. للجناح الداخل خياران, التمرير للمهاجم في الطرف أو اللّعب للوسط المهاجم الذي يأخذ مكان المهاجم في الفراغ الذي تركه.

الأهداف: تحمّل هوائي متوسط الشدة - تبادل المراكز و الأدوار.

النقاط التدريبية: توقيت التمرير مع توقيت التحرك لأخذ المركز والتبادل.

التطويرات: دخول الجناح مباشرة لمكان الهجوم الشاغر.

مباراة 8ضد8 – تطبيق تبادل المراكز في الهجوم

شرح التمرين: في ثلثي ملعب, يترتب الفريق المهاجم بنظام 4-1-3. يلعب فريقان مباراة 8ضد8 لتطبيق تبادل المراكز بين الوسط المهاجم والهجوم وكذلك بين الأجنحة والهجوم. الظهير غير المشارك في الهجوم يأخذ مكان الوسط المهاجم في حال التبادل مع المهاجم.

الأهداف: تحمّل هوائي عالي الشدة - تبادل المراكز و الأدوار.

النقاط التدريبية: توقيت التمرير مع توقيت التحرك لأخذ المركز والتبادل.

التطويرات: في كل مدة زمنية نقوم بإضافة في التبادل بحيث نضمن كل خيارات التبادل الممكنة.

مصطلحات كرة القدم
أساليب اللعب في كرة القدم وأشهر المدربين الذين يستخدمونها

ملاحظات هامة:
العديد من المدربين المعاصرين لا يلتزمون بأسلوب واحد فقط، بل يدمجون عناصر من أساليب مختلفة لخلق طريقة لعب هجينة ومتكيفة.
اختيار الأسلوب يعتمد بشكل كبير على نوعية اللاعبين المتاحين للفريق.
كرة القدم الحديثة تشهد تحولات سريعة بين هذه الأساليب خلال المباراة الواحدة.

لعبة احماء 4ضد2 الحفاظ على شكل الخارج – 10 د

الاستحواذ مع الاحتفاظ بالشكل ثم الانتقال للدفاع – 20 د

الحفاظ على الشكل في تنظيم4-3-3   20 د

الحفاظ على الشكل في 4-3-3 اللعب على المرميات – 30 د

10 حركات توافق وتغيير اتجاه ثم سرعات – 5 د

ملاحظات الأسبوع الخامس

أهداف تمرينات السرعة

لزيادة القدرة للفعل السريع وإنتاج القوة بسرعة أثناء أداء عالي الشدة

زيادة القدرة لإنتاج الطاقة باستمرار من خلال النظام اللّاهوائي

زيادة القدرة على الاستشفاء بسرعة بعد فترة من الأداء عالي الشدة

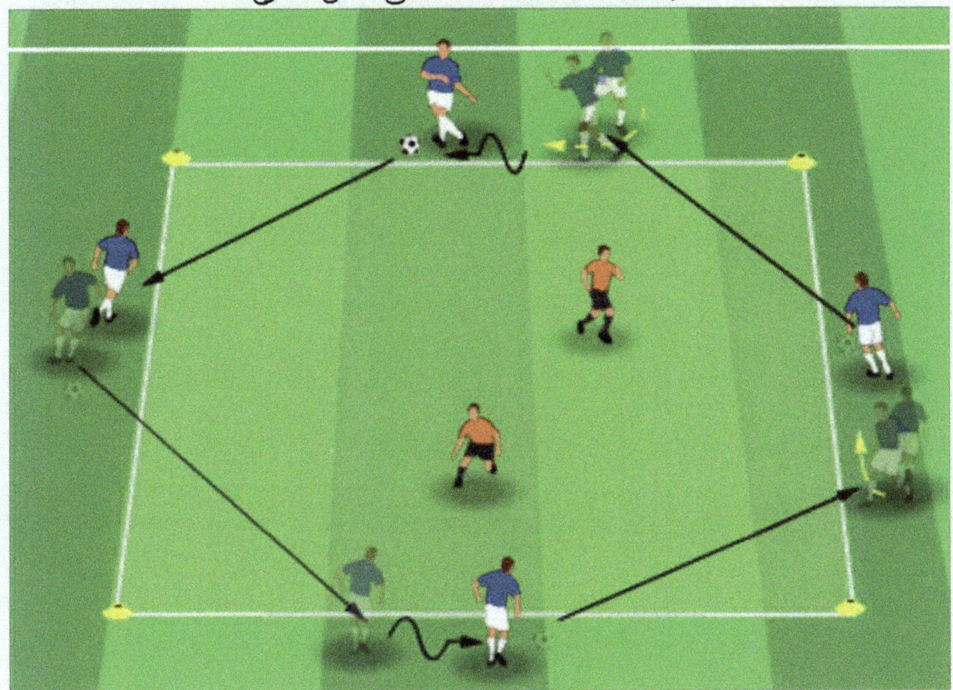

شرح التمرين: في مربع 10×10, يلعب 4ضد2. 4 لاعبي هجوم خارج المربع و 2 لاعبي دفاع في الداخل. لاعبو الهجوم يحافظون على تمرير الكرة فيما بينهم مع مراعاة الاقتراب من الزميل وزاوية الجسم المناسبة, وفي نفس الوقت يحافظوا على الشكل الخارجي المتوازن حسب مكان الكرة. نبدل لاعبي الدفاع كل 2 دقيقة.

الأهداف: تحمّل هوائي متوسط الشدة - الاحتفاظ بالشكل.

النقاط التدريبية: الاقتراب بزاوية مناسبة للزميل المستحوذ على الكرة. اقتراب 2 لاعب على جانبي اللّاعب المستحوذ على الكرة.

التطويرات: نلعب بـ 3 فرق من 2 لاعب. الفريق الذي يتسبب في خسارة الكرة يدخل مدافعاً.

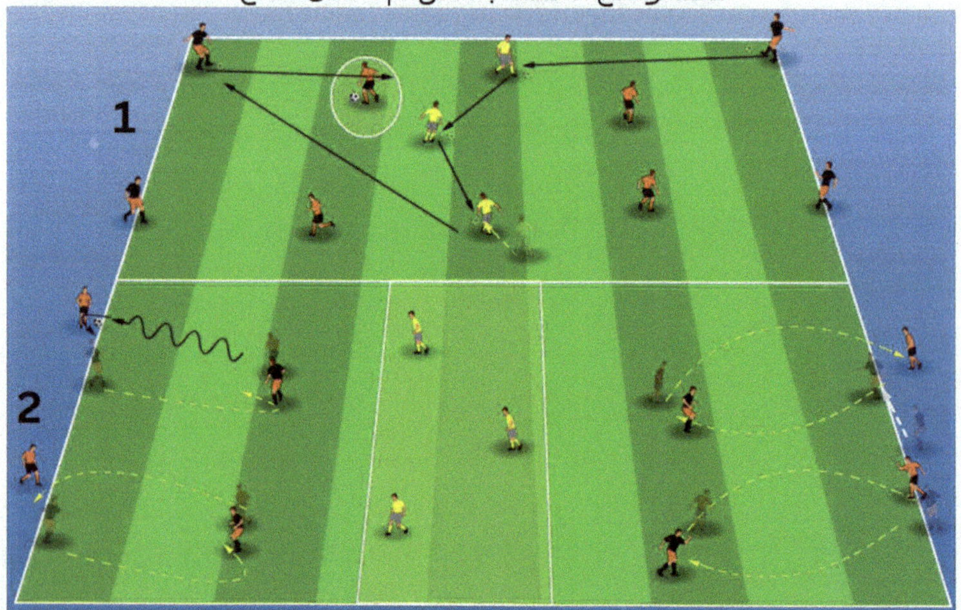

شرح التمرين: في ملعب 24×12, يتوزع 4 لاعبي الفريق المستحوذ على الكرة على نهايتي مساحة اللّعب وفي الوسط 3 لاعبي وسط محايدين. الفريق المهاجم مهمته إيصال الكرة من نهاية لنهاية عن طريق لاعبي منطقة الوسط. 4 لاعبي الفريق المدافع ينقسمان لمجموعتين ويحاولون منع وصول الكرة من نهاية لنهاية. في حالة نجح الفريق المدافع في اعتراض الكرة, يتحول لاعبوه لنهايتي منطقة اللّعب ويدخل الفريق الذي خسر الكرة للداخل. هذا التحول في الفريقين يجب أن يحدث بسلاسة ودون توقف اللّعب.

الأهداف: تحمّل هوائي عالي الشدة - الاحتفاظ بالشكل.

النقاط التدريبية: لاعبو الوسط المحايدون عليهم المحافظ على الشكل المقترح لهم من قبل المدرب.

التطويرات: نلعب 2ضد2 في كل منطقة طرفية ومحاولة ايصال الكرة للمنطقة الطرفية الأخرى عن طريق لاعبي منطقة الوسط.

الاستحواذ مع الاحتفاظ بالشكل ثم الانتقال للدفاع

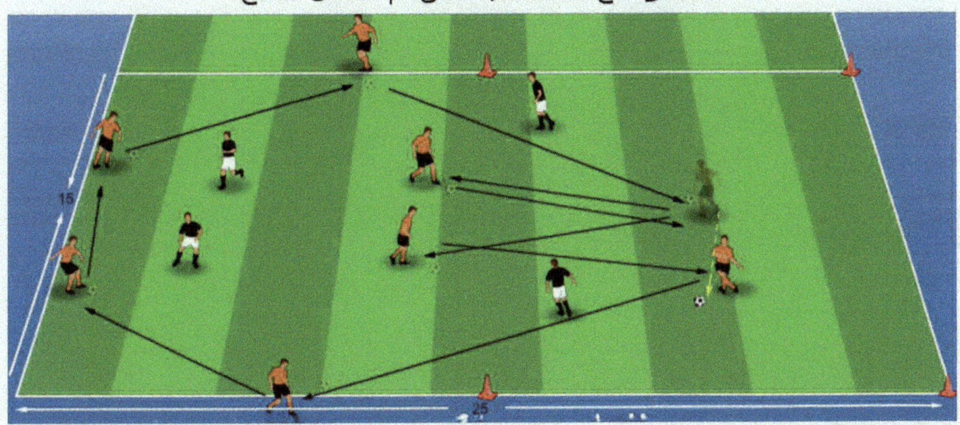

شرح التمرين: في ملعب 15×25, يلعب 7ضد4 بحيث يتوزع 7 لاعبي الفريق المستحوذ بتشكيل 4-2-1 ويحاولون الاحتفاظ بالكرة ضد 4 لاعبي دفاع في الداخل. إذا نجح الفريق المدافع في الاستحواذ على الكرة يحاول الاحتفاظ بها في وضع 4ضد3 في داخل مساحة اللّعب.

الأهداف: تحمّل هوائي عالي الشدة - الاحتفاظ بالشكل. المحافظة على الكرة.

النقاط التدريبية: الظهيران بأخذهما مكانا بعد الخط الجانبي يعطيان الشكل الواقعي لرباعي الدفاع في حالة الهجوم.

التطويرات: تبديل لاعبي الدفاع والتغيير ليشمل جميع اللاعبين لتوزيع حمل التمرين على الجميع.

مصطلحات كرة القدم
تجنب الإصابات في كرة القدم

أهم الاستراتيجيات لتجنب الإصابات في كرة القدم:
1. الإعداد البدني الشامل والمتوازن:
• القوة العضلية: بناء قوة متوازنة في جميع مجموعات العضلات، مع التركيز بشكل خاص على العضلات الأساسية (الجذع)، عضلات الفخذ الخلفية (أوتار الركبة) والأمامية (العضلة الرباعية)، وعضلات الساق والكاحل. هذا يساعد على استقرار المفاصل وتقليل الحمل عليها.

شرح التمرين: في ملعب 20×40 بمرميات وحراسة مرمى, يلعب 7ضد4 بحيث يتوزع 7 لاعبي الفريق المستحوذ بتشكيل 4-2-1 في محاولة للتسجيل بالمرمى ضد 4 لاعبي دفاع في داخل مساحة اللّعب. إذا نجح الفريق المدافع في الاستحواذ على الكرة يحاول التسجيل في وضع 4ضد4 في مرمى الفريق المهاجم.

الأهداف: تحمّل هوائي عالي الشدة - الاحتفاظ بالشكل.

النقاط التدريبية: الظهيران بأخذهما مكانا بعد الخط الجانبي يعطيان الشكل الواقعي لرباعي الدفاع في حالة الهجوم.

التطويرات: للاعبي الفريق المهاجم لمستان على الكرة والتسجيل من لمسة واحدة.

مهارة تمرير لعشرة لاعبين تأسيس لبداية الهجوم من الخلف – 10 د

لعبة تأسيس لبداية الهجوم من الخلف - 3 ضد 2 مع الزيادة – 20 د

بداية الهجوم من الخط الخلفي 7 ضد 7 مرميان وحراسة المرمى   20 د

مباراة بداية الهجوم 8 ضد 8 في ثلثي ملعب - 30 د

8 سرعات قصيرة 8م براحة تامة قبل السرعة التالية – 5 د

ملاحظات الأسبوع الخامس

التأقلمات البدنية للتدريب اللاهوائي

زيادة فاعلية التوافق بين الجهازين العصبي والعضلي

زيادة كمية الأنزيمات المتداخلة في انتاج الطاقة اللاهوائية

زيادة القدرة على انتاج اللاكتيك وإزالته

مهارة تمرير لعشرة لاعبين تأسيس لبداية الهجوم من الخلف

شرح التمرين: في ملعب 24×12, يتوزع 10 لاعبين كما في الشكل على مجموعتين يمين وشمال المستطيل. 2 لاعب عند كل زاوية و2 من اللاعبين ثابتين في منتصف المستطيل. التمرير كما هو موضح بالأسهم يبدأ من أسفل اليمين حتى التمرير رقم 6 الذي ينقل الكرة للمجموعة في الجهة اليسرى. ما يحدث في الجهة اليسرى هو نفسه. المجموعتان مستقلتان في اللاعبين ولا انتقال بينهما.

الأهداف: تحمّل هوائي منخفض الشدة - بدء الهجوم - مهارة التمرير من لمسة واحدة.

النقاط التدريبية: التركيز في مكان قدوم الكرة ومكان تمريرها.

التطويرات: وضع كرتان في اللّعب.

لعبة تأسيس لبداية الهجوم من الخلف - 3 ضد 2 مع الزيادة

شرح التمرين: في نصف ملعب مقسم لـ3 مناطق, تخصص المنطقة الوسطى للاعب الوسط. يبدأ اللّعب من حارس المرمى لأحد الظهيرين الذي عليه أن يمرر للوسط. الوسط لديه خياران, إما أن يعيد الكرة لظهير في موضع متقدم أو يغير اللّعب للظهير الآخر. يكتمل الهجوم في المنطقة الثالثة بانهائه. إذا نجح الفريق المدافع في الاستحواذ على الكرة يعكس الهجوم في وضع 3ضد2.

الأهداف: تحمّل هوائي متوسط الشدة - بدء الهجوم - التحوّل للهجوم والعكس.

النقاط التدريبية: لاعب الوسط يشكّل الرابط بين المرحلة الأولى والثالثة من الهجوم - تنويع اللّعب للظهيرين. لاعب الوسط يبقى دائما لتأخير الهجوم المرتد للفريق المدافع حال استحواذه على الكرة.

التطويرات: لمستان للكرة لكل لاعب والهدف المسجل باللّمسة الأولى يحتسب بهدفين.

بداية الهجوم من الخط الخلفي 7ضد7 مرميان وحراسة المرمى

شرح التمرين: في نصف ملعب محدود بعرض منطقة الجزاء, يلعب فريقان 7ضد7 بتشكيل 4-2-1 مباراة بدء الهجوم من الخلف. أسلوب اللّعب يفرض الزيادة العددية في منطقة التسجيل ويبقى 2 لاعب لتأمين الدفاع.

الأهداف: تحمّل هوائي متوسط الشدة - بدء الهجوم - الزيادة العددية في منطقة التسجيل.

النقاط التدريبية: لاعبا الوسط يشكّل الرابط بين المرحلة الأولى والثالثة من الهجوم - تنويع اللّعب للظهيرين. لاعبا الدفاع يبقيان دائما لتأخير الهجوم المرتد للفريق المدافع حال استحواذه على الكرة.

التطويرات: لا يحتسب الهدف ألا إذا كان 5 من لاعبي الفريق المهاجم في نصف الفريق المدافع.

شرح التمرين: في ثلثي ملعب, يلعب فريقان 8ضد8 بتشكيل 4-3-1 لفريق بدء الهجوم. المباراة تطبيق لمفاهيم الوحدة الهجومية من بدء الهجوم والزيادة العددية في منطقة التسجيل.

الأهداف: تحمّل هوائي متوسط الشدة - بدء الهجوم - الزيادة العددية في منطقة التسجيل.

النقاط التدريبية: حركية لاعبا الوسط المهاجم لتسهيل خيارات التمرير على لاعبي الدفاع والظهيرين.

التطويرات: اللّعب بكامل الملعب 11ضد11 بنفس المفاهيم السابقة.

مصطلحات كرة القدم
تجنب الإصابات في كرة القدم

أهم الاستراتيجيات لتجنب الإصابات في كرة القدم:
1. الإعداد البدني الشامل والمتوازن:

- **المرونة والمطاطية:** تمارين الإطالة المنتظمة (الثابتة والديناميكية) لزيادة مدى حركة المفاصل ومرونة العضلات، مما يقلل من خطر التمزقات العضلية والالتواءات.

- **التحمل (المطاولة):** تطوير التحمل القلبي الوعائي والعضلي لضمان قدرة اللاعب على تحمل متطلبات المباراة دون إرهاق مفرط، فالإرهاق يزيد من خطر الإصابات.

شرح التمرين: العب 11 ضد 11 مع مراعاة مشاهدة تطبيق جميع أهداف الأسبوع.

الأهداف: بدء الهجوم - الزيادة العددية في منطقة التسجيل - التحوّل للهجوم والعكس - الاحتفاظ بالشكل - المحافظة على الكرة - تبادل المراكز و الأدوار - البناء تحت الضغط - الانتشار وإعادة الانتشار - الانتشار لإنشاء لعب هجومي جماعي وإعادة الانتشار - إنشاء لعب هجومي جماعي.

النقاط التدريبية: جميع نقاط التدريب

التطويرات: اللعب الحر المستمر

مصطلحات كرة القدم
تجنب الإصابات في كرة القدم

أهم الاستراتيجيات لتجنب الإصابات في كرة القدم:
1. الإعداد البدني الشامل والمتوازن:
- التوازن والتناسق العصبي العضلي: تمارين التوازن (مثل الوقوف على ساق واحدة، وتمارين Bosu Ball) لتحسين استقرار المفاصل وقدرة الجسم على التكيف مع التغيرات المفاجئة في الحركة.

احماء 3ضد1 في مربع 8×8 - 10 د

توجيه بداية هجوم المنافس لطرف معين - 3ضد2 - الضغط عالياً - 20 د

توجيه بداية هجوم المنافس لطرف معين 11ضد11 - مرميان وحراسة المرمى 20 د

مباراة الضغط عالياً - 11ضد11 - 30 د

2 مجموعة صيانة وتقوية - بطن وظهر - 5 د

ملاحظات الأسبوع السادس

بعض النصائح لمساعدة فريق كرة القدم على الاستعداد لخوض المنافسات:

- التأكد من أن اللاعبين في حالة بدنية جيدة: يمكن القيام بذلك من خلال إجراء تدريبات منتظمة على اللياقة البدنية.

- تحليل أداء الفريق: يمكن القيام بذلك من خلال مشاهدة مقاطع الفيديو للمباريات السابقة، أو إجراء مناقشات مع اللاعبين حول أداء الفريق.

- وضع خطة للمباريات: يمكن القيام بذلك من خلال تحليل الفرق المنافسة، وتحديد نقاط القوة والضعف في كل فريق.

شرح التمرين: في ثلثي ملعب, يلعب 3ضد2 في منطقتين طرفيتين على جانبي الملعب. يبدأ الفريق المهاجم اللّعب من حراسة المرمى ويقوم مهاجم الفريق المدافع بالضغط لتوجيه المنافس لأن يلعب لجهة معينة. عند وصول الكرة لمنطقة 3ضد2, إما أن ينجح الفريق الضاغط في الاستحواذ وارسال الكرة للمهاجم ولاعب الوسط ليتجها للتسجيل في المرمى. أو أنّ الفريق المهاجم ينجح في اجتياز منطقة 3ضد2 ليسجل في مرمى جانبي.

الأهداف: تحمّل هوائي متوسط الشدة - الضغط عالياً.

النقاط التدريبية: بمجرد استخلاص الكرة ترسل للاعبي الهجوم للتحول الهجومي.

التطويرات: السّماح بمشاركة لاعب من كل منطقة جانبية ليصبح وضع الهجوم المرتد 4ضد2.

123

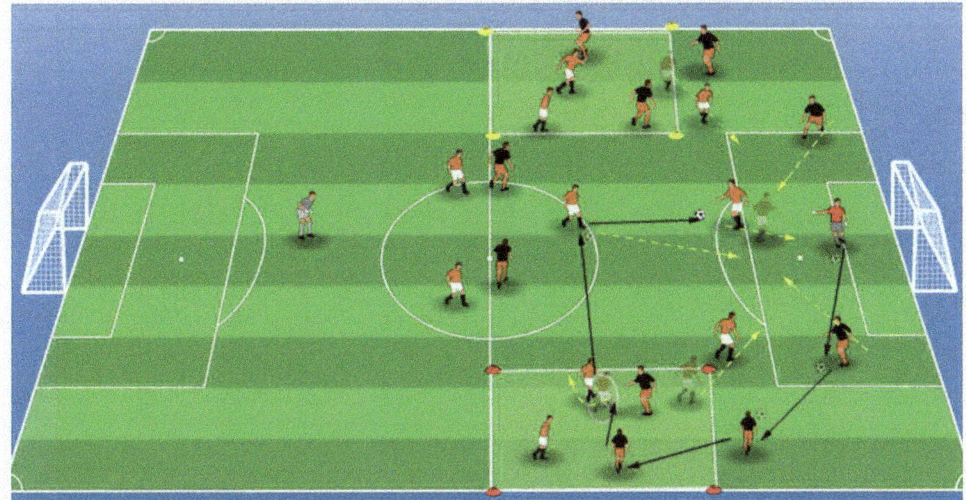

شرح التمرين: في كامل الملعب, مباراة 11ضد11 يخصص لمنطقة 3ضد2 من الفريق المهاجم جناح وطرف الوسط وللفريق المدافع ظهير وجناح وطرف الوسط. بنفس نظام اللّعبة السابقة. ويشترط أن تمر كرة الفريق المهاجم بإحدى المنطقتين الطرفيتين.

الأهداف: تحمّل هوائي متوسط الشدة - الضغط عالياً.

النقاط التدريبية: بمجرد استخلاص الكرة ترسل للاعبي الهجوم للتحول الهجومي.

التطويرات: السّماح للفريق المهاجم بتغيير اتجاه الهجوم للجهة الأخرى.

مصطلحات كرة القدم
تجنب الإصابات في كرة القدم

أهم الاستراتيجيات لتجنب الإصابات في كرة القدم:
1. الإعداد البدني الشامل والمتوازن:

- الرشاقة والتغيرات الاتجاهية: تدريبات مكثفة على تغيير الاتجاه بسرعة وفعالية مع الحفاظ على التوازن، وهي حركات أساسية في كرة القدم وتسبب الكثير من إصابات الركبة والكاحل إذا لم يتم التدريب عليها بشكل صحيح.
- برامج الوقاية المحددة: استخدام برامج وقائية معتمدة مثل "FIFA 11+" التي أثبتت فعاليتها في تقليل معدلات الإصابة، خاصة في الركبة والكاحل وأوتار الركبة.

شرح التمرين: في كامل الملعب, مباراة 11ضد11 بين فريقين. فريق مهاجم يبني من الخلف ويلعب بتشكيل 4-4-2. وفريق مدافع يضغط عالياً ويلعب بتشكيل 4-3-3. تطبيق لمبادئ الضغط العالي في مباراة واقعية.

الأهداف: تحمّل هوائي عالي الشدة - الضغط عالياً.

النقاط التدريبية: ضغط مهاجم الفريق المدافع على حامل الكرة وتوجيهه للجهة المرغوب الضغط فيها ومنع العودة للجهة الأخرى. استغلال خط التماس لحصر الظهير أو الجناح المستحوذ على الكرة. بمجرد استخلاص الكرة ترسل للاعبي الهجوم للتحول الهجومي.

التطويرات: كل فريق يلعب لمدة شوط كامل بمبدأ الضغط العالي..

مصطلحات كرة القدم
تجنب الإصابات في كرة القدم
أهم الاستراتيجيات لتجنب الإصابات في كرة القدم:
2. الإحماء والتهدئة (Cool-down) الصحيح:

- الإحماء (Warm-up): ضروري قبل أي تدريب أو مباراة. يجب أن يكون شاملاً ومتدرجاً، يبدأ بتمارين هوائية خفيفة لزيادة درجة حرارة الجسم ومعدل ضربات القلب، ثم تمارين إطالة ديناميكية، وتنتهي بتمارين خاصة بالكرة والمواقف الشبيهة باللعب. الإحماء الجيد يهيئ العضلات والمفاصل للنشاط المكثف ويقلل من خطر الإصابات.

احماء 4ضد2- 3فرق من لاعبين –الفريق الذي يخطئ يدافع في مربع 10×10 – 10 د

استخلاص الكرة من منتصف الملعب – هجوم مرتد (4ضد3) 20 د

الهجوم المرتد من وسط الملعب 2ضد2 مرميان صغيران في وسط الملعب 20 د

الهجوم المرتد من وسط الملعب-2(مرميان وحارسا مرمى) 30 د

الدفاع من وسط الملعب-8ضد8   30 د

تهدئة- 5 د

ملاحظات الأسبوع السادس

اختر من القواعد التكتيكية ما يناسب امكانات الفريق وما يبرز أسلوب الفريق ولا يغيب عن ذهنك دوما أن اللّاعب الذي يستمتع باللّعب يعطي بكامل طاقته مِمّا يضفى على الفريق الروح الجماعية التي تقود لتحقيق الهدف المنشود.

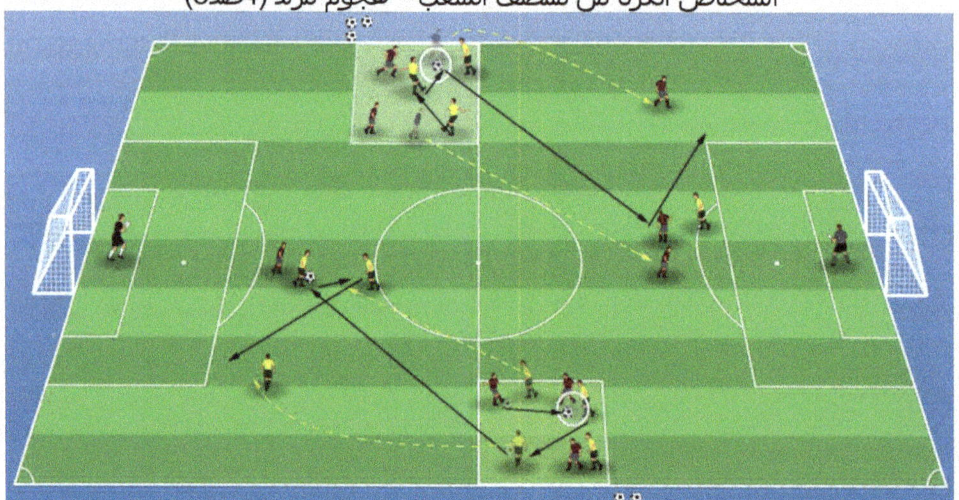

شرح التمرين: في كامل الملعب, نضع مربعين 15×15 في زاوية أول منتصف الملعب, كما في الشكل. كل فريق يعيّن مدافع في نصف الملعب المقابل للاعبي منتصف فريقه المستحوذين على الكرة في المربع. لاعبي الوسط للفريق المدافع وبمجرد الاستحواذ على الكرة تنقل للمهاجم وينتقل مع انتقال الكرة 2 لاعب ليصبح الوضع 3ضد1 لانهاء الهجوم المرتد والتسجيل. ثم يُعاد الاستحواذ مرة أخرى للفريق المهاجم ويكون هدفه الاحتفاظ بالكرة.

الأهداف: تحمّل سرعة - استخلاص الكرة في منتصف الملعب.

النقاط التدريبية: السرعة في الانتقال لتكوين وضع 3ضد1 بعد نقل الكرة للمهاجم.

التطويرات: زيادة عدد اللّاعبين المسموح لهم بمغادرة المربع للمشاركة في الهجوم المرتد أو مساندة الدفاع حتى الوصول إلى وضع 5ضد4 عند انهاء الهجوم. السماح للفريق المهاجم باكمال الهجوم على مرمى الفريق المدافع إذا أكمل 5 تمريرات متتاليات.

الهجوم المرتد من وسط الملعب 2ضد2 مرميان صغيران في وسط الملعب

شرح التمرين: في ثلثي الملعب ومستطيل 12×15 بعد الدائرة تُجرى فيه مناورة 2ضد2 حيث يمثل الفريق المدافع محوري الوسط. في حال استحواذ محوري الوسط على الكرة ترسل لأحد الطرفين الذي يدخل بها للعمق سامحا للوسط المهاجم بأخذ مكانه في الطرف لتشتيت المدافعين. الطرف الآخر يتحرك للأمام لشغل المدافع الآخر و لزيادة المسافات بين المدافعين.

الأهداف: تحمّل سرعة - استخلاص الكرة في منتصف الملعب.

النقاط التدريبية: تبادل المراكز يساعد في تشتيت الدفاع. الاختراق من العمق يوصلك مباشرة للمرمى.

التطويرات: السماح للاعبي وسط الفريق المهاجم بالعودة لمساندة الدفاع حال خسارة الكرة ليصبح الوضع 4ضد4.

الهجوم المرتد من وسط الملعب-2(مرميان وحارسا مرمى)

شرح التمرين: في ثلثي الملعب, الفريق المهاجم بـ 7 لاعبين يعتمد الكرات الطويلة من حارس المرمى والفريق المدافع بـ 8 لاعبين ويحاول الاستحواذ على الكرة الثانية وارسالها للأمام كهجوم مرتد. لاعبو الفريق المدافع حال الهجوم المرتد يستغلوا القنوات الثلاث لتشتيت مدافعي المنافس وتوسيع المسافات بين المدافعين.

الأهداف: تحمّل هوائي عالي- استخلاص الكرة في منتصف الملعب. استغلال القنوات الثلاث.

النقاط التدريبية: الزيادة العددية والوصول لمرمى المنافس من القنوات الثلاث يشتت تركيز المدافعين.

التطويرات: السماح لكلا الظهيرين بدعم الهجوم.

شرح التمرين: في ثلثي الملعب, الفريق المهاجم بـ 8 لاعبين يبدأ الهجوم عند منتصف الملعب والفريق المدافع يصف مدافعيه في نصف مساحة اللّعب. المباراة تطبيق لعمل لاعبي الوسط في استخلاص الكرة وإنشاء الهجوم المرتد.

الأهداف: تحمّل هوائي عالي- استخلاص الكرة في منتصف الملعب. الضغط والتغطية الدفاعية.

النقاط التدريبية: الشكل الدفاعي الثلاثي من اللّاعب الضاغط على حامل الكرة والتغطية الثنائية.

التطويرات: اللّعب مباراة حرة 8ضد8.

احماء بين زميلين تحكّم بالكرة وتمرير قصير – 10 د

قاعدة التنظيم الهجومي - وسع الملعب بكامل العرض - 20 د

2ضد2 + 2و3ضد3 + 3ملعب معيني مساندة متحركة 20 د

الاختراق والتمريرة الجدارية - لعبة خط 6ضد6 20 د

الاختراق والتقدم في المناطق الثلاث 8ضد4 20 د

8 سرعات قصيرة 8م براحة تامة قبل السرعة التالية – 5 د

ملاحظات الأسبوع السادس

يعتبر تحليل الأداء في المنافسات طريقة لتقديم بيانات موضوعية عن اللاعبين الأفراد والخصائص الجماعية.
يكشف التحليل النوعي والكمي عن الجوانب الرئيسية ،مثل القدرة البدنية والفنية والتكتيكات.

قاعدة التنظيم الهجومي - وسع الملعب بكامل العرض

شرح التمرين: في ثلاثة أرباع الملعب, 8 لاعبي الفريق المهاجم بتشكيل 2-3-3 يبنون هجوما مع الابقاء على الجناحين في أقصى الطرف لاستغلال كامل عرض الملعب. يوجد ثلاث ممرات في الثلث الهجومي يجب أن يمر الطرف من بين العصاتين ليستلم التمرير. في بداية اللّعب يكون الدفاع شكلياً ثم نلعب بواقعية المباراة.

الأهداف: تحمّل هوائي منخفض- استغلال كامل عرض الملعب

النقاط التدريبية: توقيت التحرك والتمرير.

التطويرات: اللّعب مباراة حرة 8ضد7 مع وجود الممرات الثلاثة.

مصطلحات كرة القدم
تجنب الإصابات في كرة القدم
أهم الاستراتيجيات لتجنب الإصابات في كرة القدم:
2. الإحماء والتهدئة (Cool-down) الصحيح:
• التهدئة (Cool-down): بعد نهاية النشاط، يجب أداء تمارين تهدئة تتضمن المشي الخفيف وتمارين الإطالة الثابتة. هذا يساعد على عودة الجسم تدريجياً إلى حالته الطبيعية، ويقلل من تيبس العضلات بعد التمرين، ويسرع من عملية الاستشفاء.

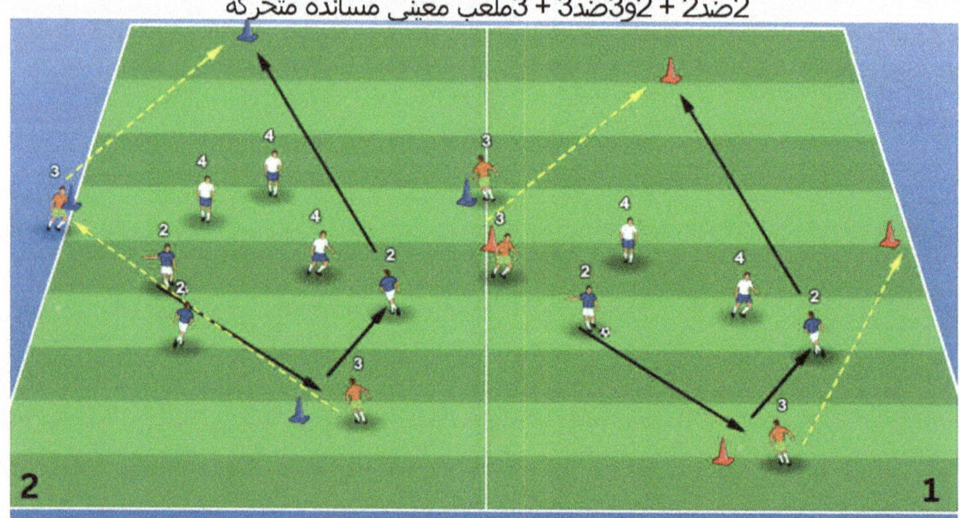

شرح التمرين: في ملعب معيني الشكل يتكون من مثلثين مقلوبين وفي لعبتين منفصلتين, لعبة 1 فيها 2ضد2 + 2 لاعب مساند في المثلث النشط. الفريق المستحوذ يضع الكرة في طريق حركة اللاعب المساند في رأس المثلث لنقل اللعب وتنشيط المثلث ويتحرك معه الفريقان لمواصلة الاستحواذ ويتحرك المساند الآخر لطرف. لعبة 2 فيها 3ضد3 + 3 وبنفس الفكرة من استغلال كامل عرض المثلث النشط باستعمال المساندة.

الأهداف: تحمّل هوائي عالي- استغلال كامل عرض الملعب.

النقاط التدريبية: توقيت التحرك والتمرير.

التطويرات: اللّعب مباراة استحواذ حرة في كامل المساحة دون تحديد مثلث نشط.

مصطلحات كرة القدم

تجنب الإصابات في كرة القدم

أهم الاستراتيجيات لتجنب الإصابات في كرة القدم:

3. التدرج في الحمل التدريبي والراحة الكافية:

- **التدرج:** زيادة شدة وحجم التدريب تدريجياً على مدار الموسم. تجنب الزيادات المفاجئة والكبيرة في الحمل التدريبي التي يمكن أن تؤدي إلى إجهاد الجسم والإصابة بالإصابات الناتجة عن الإفراط في الاستخدام (Overuse Injuries).

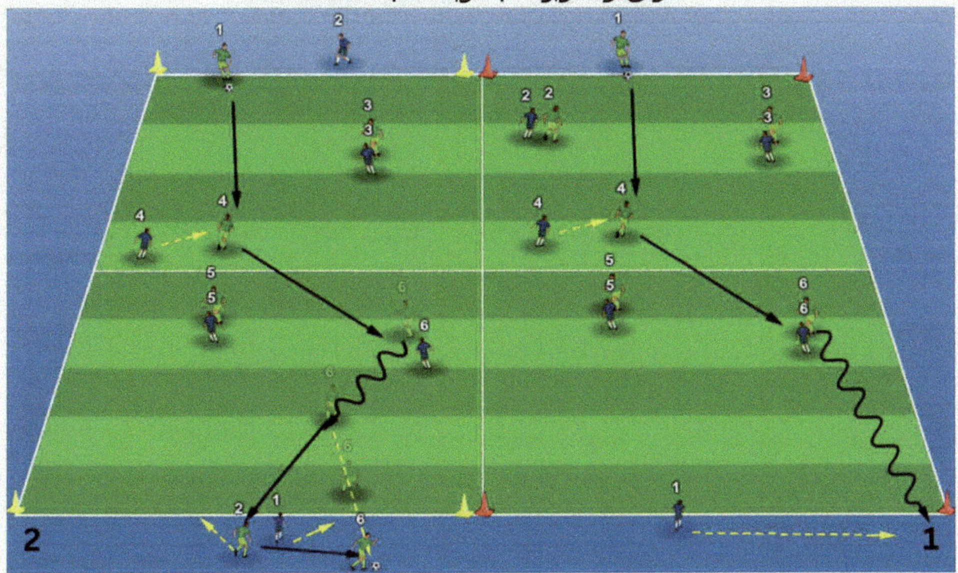

شرح التمرين: في ملعب مستطيل 40×20, مباراة خط 6ضد6 رجُل لِرجُل حال الدفاع ولا يحق استخلاص الكرة من زميل آخر. بمساندة الزملاء الذين تخلصوا من الرقابة يحاول الفريق المستحوذ على الكرة التسجيل. يحتسب الهدف بوصول اللّاعب بالكرة لما بعد خط الفريق المدافع والذي يكون محمياً بلاعب واحد من الفريق ويستبدل كل 3 دقيقة.

الأهداف: تحمّل هوائي عالي الشّدة - اختراق صفوف دفاع المنافس.

النقاط التدريبية: السرعة في مباغتة مدافع الخط - استعمال مهارة المراوغة.

التطويرات: في التطوير 2 في الرسم أعلاه, يضاف لاعب مساند لكل فريق عند الخط لمساعدة اللّاعب القادم للتسجيل باللّعب معه تمريرة جدارية أو بتشتيت المدافع عن الخط.

شرح التمرين: في نصف ملعب محدود عرضا بمنطقة 6 ياردات ومقسم طولاً إلى 3 مناطق. نلعب مباراة 8ضد4 بوضع 4ضد2 في المنطقة 1. و3ضد2 في المنطقة 2 وينهى الهجوم في وضع 4ضد2 في المنطقة 3 بانتقال كامل لاعبي المنطقة 2 لمنطقة 3. بعد انهاء الهجوم يعكس الاتجاه بنفس ترتيب الأوضاع ليبدأ حارس المرمى هجوماً آخر وهكذا. نفرض حد أقل من التمريرات المتتالية قبل الانتقال للمنطقة التالية ويكون في المنطقة 3 حرا لانهاء الهجوم.

الأهداف: تحمّل هوائي متوسط الشّدة - اختراق صفوف دفاع المنافس.

النقاط التدريبية: توقيت الانتقال ودقة التمرير - في المنطقة 3 يلعب المهاجم الوحيد دور اللّاعب الهدف.

التطويرات: عدم فرض حد أقل من التمريرات قبل الانتقال للمنطقة التالية - تبديل المدافعين بعد عدد معين من الهجمات.

احماء بين 3 لاعبين تمرير ثلاثي ثابت ثم متحرك ومتقاطع – 15 د

التقاطع مع لاعب النهاية 5ضد5 – 20 د

5ضد5 مباراة التقاطعات وتبادل المراكز – 20 د

مباراة 11ضد11 – تطبيق التقاطعات في وضع مباراة – 30 د

3 مجموعة صيانة وتقوية - بطن وظهر – 5 د

ملاحظات الأسبوع السادس

من فوائد تدريبات التحمّل للاعب كرة القدم

يتم تمويل نسبة كبيرة من الطاقة اللازمة للتمرين هوائيا فيكون اللاعب قادرا على الأداء بشدة عالية لفترات طويلة خلال المباريات.

احماء بين 3 لاعبين تمرير ثلاثي ثابت ثم متحرك ومتقاطع

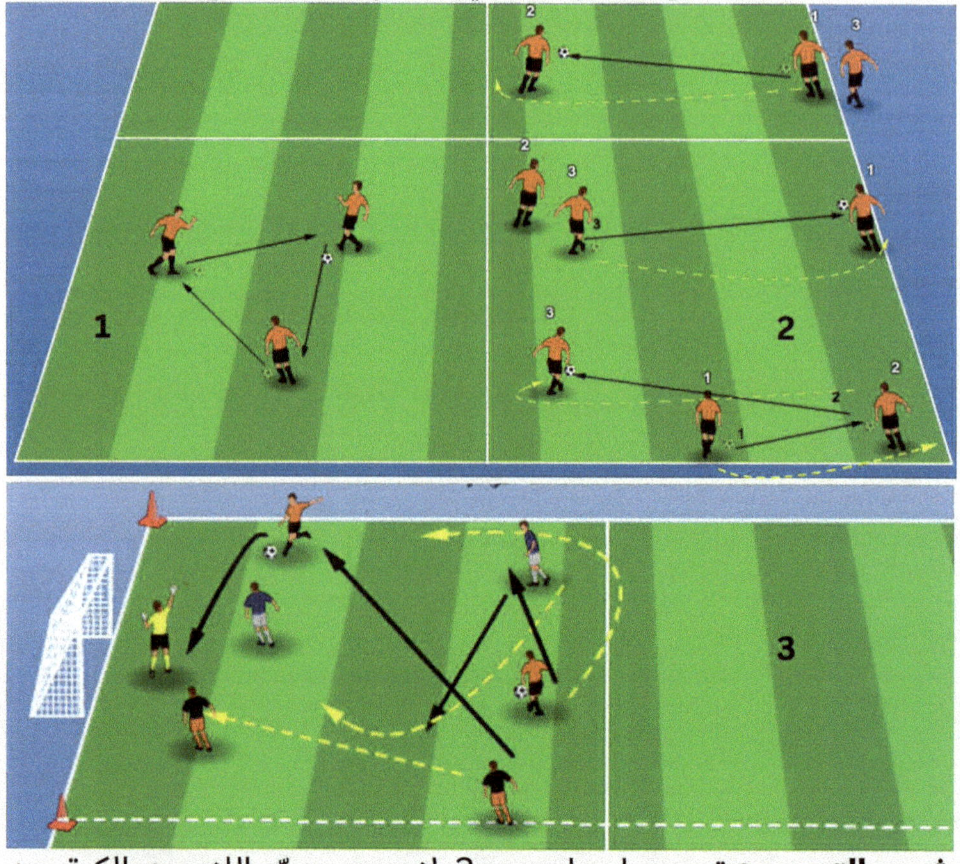

شرح التمرين: تمرين احماء بين 3 لاعبين. يمرّر اللاعبين الكرة من ثبات على شكل مثلث من لمستين ولمسة واحدة ثم يتم التمرير بينهم بشكل متحرك ويأخذ اللاعب مكانه خلف اللّاعب الذي مرر إليه أثناء التحرك للأمام.

الأهداف: تحمّل هوائي منخفض الشّدة - اجراء التقاطعات والتبادلات.

النقاط التدريبية: توقيت التقاطع وثقل التمرير أمام اللاعب - استعمال باطن قدم الرجل المناسبة للتمرير

التطويرات: استغلال التقاطع لعمل كرات عرضية على المرمى مع وجود حارس المرمى.

التقاطع مع لاعب النهاية 5ضد5

شرح التمرين: في ملعب 30×20, لعبة 5ضد5 ايصال الكرة للاعب النهاية والتبادل معه. يحتسب الهدف باتمام العملية كاملة بدخول لاعب النهاية للداخل واستكمال الاستحواذ على الكرة.

الأهداف: تحمّل هوائي متوسط الشّدة - اجراء التقاطعات والتبادلات. اختراق صفوف دفاع المنافس.

النقاط التدريبية: توقيت التقاطع وثقل التمرير. التركيز قبل وصول الكرة ليحسن التصرف بها بعد استلامها.

التطويرات: تطبيق لمستين على الكرة للّاعب داخل منطقة اللّعب.

مصطلحات كرة القدم
تجنب الإصابات في كرة القدم
أهم الاستراتيجيات لتجنب الإصابات في كرة القدم:
3. التدرج في الحمل التدريبي والراحة الكافية:

- **الراحة والاستشفاء:** إعطاء الجسم وقتاً كافياً للتعافي بين الحصص التدريبية والمباريات. النوم الجيد (8 ساعات على الأقل)، والتغذية السليمة، وتقنيات الاستشفاء مثل التدليك، حمامات الثلج، أو الساونا يمكن أن تقلل من التعب وتسرع من إصلاح الأنسجة.
- **إدارة الحمل (Load Management):** استخدام التقنيات الحديثة (مثل أجهزة GPS والمراقبة الفسيولوجية) لمتابعة الحمل البدني على اللاعبين وتعديل التدريبات لضمان عدم تجاوز قدراتهم البدنية.

شرح التمرين: في ملعب 30×50, مباراة 5ضد5 بمرميات وحراسة. يبدأ الهجوم من حراسة المرمى و لاعبان طرفيان على حدود منطقة اللّعب. اللاعب الذي يمرر لأحد الطرفين يأخذ مكانه حتى وصول الكرة إليه وعمل الكرة العرضية. لا دفاع في المناطق الطرفية. والتبادل بعد منتصف منطقة اللّعب.

الأهداف: تحمّل هوائي متوسط الشّدة - اجراء التقاطعات والتبادلات. اختراق صفوف دفاع المنافس.

النقاط التدريبية: توقيت التقاطع وثقل التمرير. اجراء التبادل والتقاطع بواقعية بحيث يكون هناك دور فعّال للاعب الطرف الداخل إلى منطقة اللعب ودور للاعب الذي أخذ مكانه على الطرف.

التطويرات: مشاركة الطرف الآخر في الهجوم والتسجيل.

مباراة 11ضد11 – تطبيق التقاطعات في وضع مباراة

شرح التمرين: في كامل الملعب، نلعب مباراة 11ضد11 يتم فيها مراقبة تطبيق لاعبي الوسط والهجوم للتقاطعات والتبادلات. في الدقائق الأولى نوجه ونوقف اللّعب لتصحيح الأخطاء ثم نترك اللاعبين في حرية التصرف والابداع.

الأهداف: تحمّل هوائي عالي الشّدة - اجراء التقاطعات والتبادلات. اختراق صفوف دفاع المنافس.

النقاط التدريبية: توقيت التقاطع وثقل التمرير. اجراء التبادل والتقاطع بواقعية بحيث يكون هناك دور فعّال للاعب الطرف الداخل إلى منطقة اللعب ودور للاعب الذي أخذ مكانه على الطرف.

التطويرات: لعب وضع مباراة دون توجيهات مع تسجيل الملاحظات لمناقشتها مع اللّاعبين لاحقاً.

3ضد1 متحركة باتجاه معين مع توازن الشكل – 15 د

لعبة مباراة 2 ضد 2 مرميان كبيران 2 مساندة جانبية2مساعدة على خط المرمى- تسريع اللعب - 20 د

في نصف ملعب5ضد5 شرط إيصال الكرة للمهاجم قبل التسجيل - تسريع اللعب - 20د

مباراة 11ضد11 – تطبيق تسريع اللّعب مع المحافظة على المسافات بين الخطوط- 30 د

بلانكس- 5 د

ملاحظات الأسبوع السادس

من فوائد تدريبات التحمّل للاعب كرة القدم

تقلّل التراجع في الأداء الفني وأخطاء عدم التركيز الناتجة عن التعب والذي قد يحدث في الأوقات الأخيرة من المباراة

سيحتاج اللاعب لوقت أقل للاستشفاء بعد أداء عالي الشدة فيصبح قادرا على الأداء بأقصى ما يمكن في نشاطات المباراة المتعاقبة

أسبوع 6 - يوم 5- التمرين رقم 1
3ضد1 متحركة باتجاه معين مع توازن الشكل

شرح التمرين: في احماء هذه الوحدة التدريبية نبدأ 3ضد1 ثابتة ثم نعين اتجاه للتحرك إليه. تحافظ مجموعة اللّاعبين الثلاثة على الكرة بلمسة ولمستين مع التحرك بالاتجاه الذي تم تعيينه مع المحافظة على المسافات متوازنة بينهم. اللّاعب المدافع يبقى لمدة الوقت المقترح (30-45 ث) ويحسب عدد مرات قطعه للكرة.

الأهداف: تحمّل هوائي متوسط الشّدة - تسريع اللّعب. اختراق خطوط دفاع المنافس.

النقاط التدريبية: دقة التمرير وثقله - الكرة أمام اللّاعب المتحرك.

التطويرات: اللّاعب الذي يخطئ يدافع.

مصطلحات كرة القدم
تجنب الإصابات في كرة القدم
أهم الاستراتيجيات لتجنب الإصابات في كرة القدم:

4. التغذية والترطيب:
- **التغذية المتوازنة:** توفير كافة العناصر الغذائية اللازمة (كربوهيدرات معقدة للطاقة، بروتينات لإصلاح العضلات، دهون صحية، فيتامينات ومعادن) لدعم الأداء البدني وعمليات الاستشفاء ونمو الأنسجة.
- **الترطيب الجيد:** شرب كميات كافية من الماء والسوائل قبل وأثناء وبعد التدريب والمباريات، خاصة في الأجواء الحارة (مثل أجواء السعودية)، لمنع الجفاف الذي يؤثر سلباً على الأداء ويزيد من خطر التشنجات والإصابات.

لعبة مباراة 2 ضد 2 مرميان كبيران 2 مساندة جانبية2مساعدة على خط المرمى-تسريع اللعب

شرح التمرين: في نصف ملعب محدود عرضا بـ 30 م, نلعب مباراة 2ضد2 بمساندة 2 لاعب عند جانبي منتصف مساحة اللّعب ولاعبي هدف على جانبي المرمى. يبدأ الهجوم من حراسة المرمى إلى أحد لاعبيه الذي يكون مخيراً بلعبها للمساند الجانبي أو مباشرة لأحد لاعبي الهدف. لاعبا الهدف يجهزان الكرة للانهاء في المرمى. يستبدل لاعبا النهاية كل 2 دقيقة. لاعبا المساندة الجانبية عبارة عن فريق ثالث يشارك بدلاً من أحد الفريقين بالتناوب.

الأهداف: تحمّل سرعة - تسريع اللّعب - اختراق خطوط دفاع المنافس.

النقاط التدريبية: التحرك السريع للاستفادة من الكرات التي يعدّها لاعبا الهدف.

التطويرات: للاعب الهدف لمسة واحدة على الكرة.

في نصف ملعب5ضد5 شرط إيصال الكرة للمهاجم قبل التسجيل - تسريع اللعب

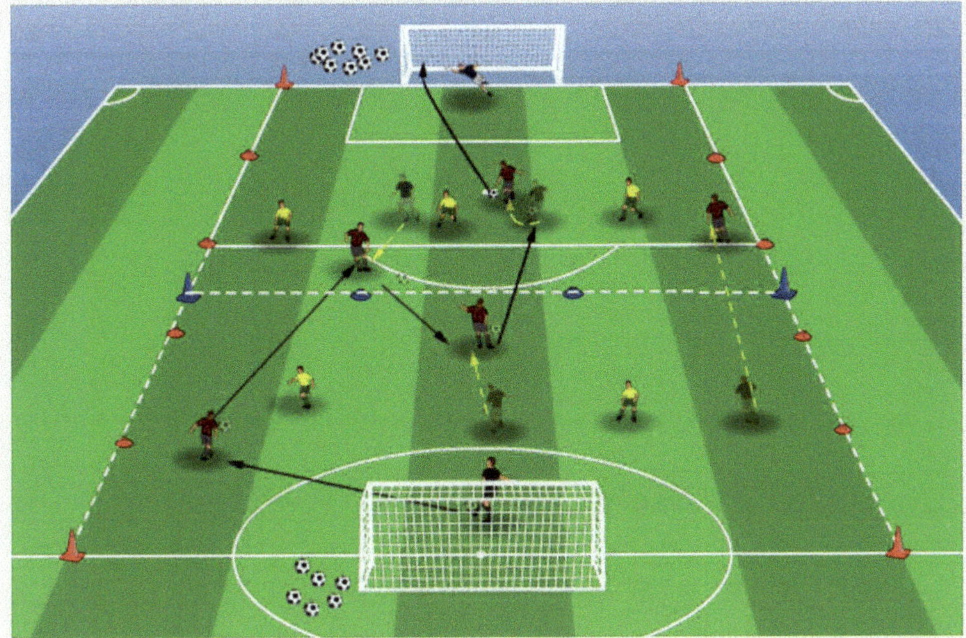

شرح التمرين: في نصف ملعب محدود عرضا بمنطقة الجزاء, مباراة 5ضد5 مشروطة بإيصال الكرة لمهاجم الفريق قبل التسجيل. هذا الشرط سيزيد من حركية العمق وسيسرع اللّعب. مساحة اللّعب مقسمة لنصفين.

الأهداف: تحمّل هوائي عالي الشّدة - تسريع اللّعب - الدعم الهجومي - حركية العمق.

النقاط التدريبية: التحرك السريع للأمام للدعم الهجومي ومساندة لاعب الهجوم.

التطويرات: لمستان على الكرة والتسجيل من لمسة واحدة - شرط احتساب الهدف، تواجد جميع لاعبي الفريق في نصف ملعب الفريق المدافع.

مباراة 11ضد11 – تطبيق تسريع اللّعب مع المحافظة على المسافات بين الخطوط

شرح التمرين: في كامل الملعب, نلعب مباراة 11ضد11 مشروطة بلمستين على الكرة للّاعب. نراقب فيها محافظة الفريق على المسافات بين الخطوط ودعم كل خط لما يليه دعماً هجومياً. وكذلك الجاهزية للتغطية الدفاعية في حال خسارة الكرة. في هذه المباراة نعزّز المفاهيم التكتيكية من تسريع اللّعب والدعم الهجومي.

الأهداف: تحمّل هوائي عالي الشّدة - تسريع اللّعب - الدعم الهجومي.

النقاط التدريبية: التحرك السريع للأمام للدعم الهجومي ومساندة اللّاعب المستحوذ على الكرة.

التطويرات: لعب وضع مباراة دون توجيهات مع تسجيل الملاحظات لمناقشتها مع اللّاعبين لاحقاً.

شرح التمرين: اللعب 11 ضد 11 مع مراعاة مشاهدة تطبيق جميع أهداف الأسبوع.

الأهداف: تسريع اللّعب - الدعم الهجومي - حركية العمق - اختراق خطوط دفاع المنافس - اجراء التقاطعات والتبادلات. اختراق صفوف دفاع المنافس - استغلال كامل عرض الملعب - استخلاص الكرة في منتصف الملعب. الضغط والتغطية الدفاعية - الضغط عالياً.

النقاط التدريبية: جميع نقاط التدريب

التطويرات: اللعب الحر المستمر

مصطلحات كرة القدم
تجنب الإصابات في كرة القدم
أهم الاستراتيجيات لتجنب الإصابات في كرة القدم:
5. المعدات المناسبة والبيئة الآمنة:

- الأحذية المناسبة: اختيار أحذية كرة قدم تتناسب مع نوعية أرضية الملعب (عشب طبيعي، صناعي، صالة) وتوفر الدعم والاحتضان الكافي للقدم والكاحل.
- واقيات الساق: ارتداء واقيات الساق ضروري لحماية الساقين من الكدمات والكسور.
- فحص الملاعب: التأكد من أن الملاعب خالية من الحفر، العوائق، وأن سطحها مستوٍ ومناسب للعب.

تمّ بحمد الله

الانتهاء من هذا الكتاب متأملاً أنْ يكونَ نافعاً لمقتنيه. كما يسعدني أن أتلقى ملاحظاتكم والتي ستكون في نظري معتبرة في الارتكاز عليها في الأعمال القادمة.

عبّاس علي العبندي

nazabas@gmail.com

المراجع

Jens Bangsbo, FITNESS TRAINING IN SOCCER
A Scientific Approach
Zoran Shterjovski, small sided games and integrating physical preparation
www.researchgate.net
www.scienceforsport.com
www.ar.wikipedia.org
www.pubmed.ncbi.nlm.nih.gov
www.triathlon.org
Google Gemini Search
عباس علي العبندي, ألعاب الأعداد الصغيرة في تدريبات كرة القدم
صور التمرينات أنتجت بواسطة برنامج Tactics Manager 3.0
تصميم الغلاف في موقع
Canva

مصطلحات كرة القدم, والتي أدرجت لسد الفراغ بعد تطويرات التمرينات بشي يفيد المدرب العربي, أنتجت بالاستعانة بمحرك البحث
Google Gemini Generator

فهرست المواضيع